BEZALEEL

*

Llamado Por Su Nombre

Conversaciones sobre la Teología del Arte

Volumen 1

Alma Villegas, PhD

PRESS

DEDICATORIA

A Moisés Villegas Fernández, Jr.
Mi querido hermano, Junior, quien cada vez
que me he enfrentado a una de esas montañas que
parecen gritarme "¡Alma, hasta aquí llegaste!"
ha estado al lado mío para decirme
"¡Jalda arriba que con Cristo se puede!"

A Daniel Montañez
A quien vi crear y dirigir las primeras
obras de teatro en la Iglesia y fundar y
dirigir el Grupo de Avivamiento.

Al Grupo de Avivamiento
Y en especial, a los integrantes de los primeros
doce años (1968 –1980) con los cuales crecí física y espiri-
tualmente, compartí mis primeros sueños artísticos y nos
lanzamos a cambiar el mundo. . . y a los que nos han seguido.

Y habló Jehová á Moisés, diciendo: Mira, yo he llamado por su nombre á Bezaleel, hijo de Uri, hijo de Hur, de la tribu de Judá; y lo he henchido de espíritu de Dios, en sabiduría, y en inteligencia, y en ciencia, y en todo artificio, para inventar diseños, para trabajar en oro, y en plata, y en metal, y en artificio de piedras para engastarlas, y en artificio de madera; para obrar en toda suerte de labor.

Éxodo 31:1-5

CONTENIDO

PALABRAS DE AGRADECIMIENTO

Mi agradecimiento a todas las personas que de una forma u otra han hecho posible la realización del presente trabajo, y en especial, a la Dra. Virginia Loubriel y al Pastor Alfredo Vallellanes, que me dieron las primeras oportunidades para presentar mi seminario de Teología del Arte a los integrantes de los ministerios de arte en sus respectivas congregaciones y tuvieron la deferencia de sentarse a oír mis primeras presentaciones.

Y al Dr. Alberto Arroyo por las muchas horas que dedicó escuchando mis ideas, y porque no decirlo, mis inseguridades con relación al tema, sin embargo, siempre me animó a seguir adelante.

A todos, gracias por su respaldo.

PREFACIO

Mi propósito principal al escribir *Bezaleel: Llamado por su Nombre*, de la serie *Conversaciones sobre la Teología del Arte, Volumen 1*, es establecer un diálogo sobre el arte desde la perspectiva de las Sagradas Escrituras. ¿Qué nos dice la Biblia a los artistas? ¿Cuál es nuestra responsabilidad ante Dios y la sociedad? Y para ello, he hecho un estudio sobre Bezaleel, su llamado, preparación, obra realizada y relación con sus líderes.

En mis comienzos, como no había estudiado teatro, el arte era para mi "el instrumento que eliminaba el callo que surge en nuestros corazones, como mecanismo de defensa, a causa del pecado, los problemas y las situaciones hostiles que encontramos en nuestro diario caminar. Una vez el corazón se liberaba del callo, podía percibir la voz del Espíritu Santo y responder al llamado de Dios." Una definición muy influenciada por mis estudios de biología, pero sospechaba que debía haber otras respuestas.

La decisión de estudiar teatro, fue una difícil y arriesgada. Sin embargo, cuando descubrí a Bezaleel en el libro de Éxodo, junto con él, descubrí el fundamento bíblico necesario para desarrollar mi carrera artística en teatro y la piedra angular de lo que considero puede ser la Teología del Arte. Y cuando hablo de una Teología del Arte, me refiero, al estudio del arte desde la perspectiva de la Palabra de Dios. ¿Qué nos dicen las Sagradas Escrituras sobre el arte? Después de todo, en el comienzo de mi caminar con Dios, como respuesta a mis preguntas, la Biblia me mostró el camino a seguir. ¿Por qué, entonces, no seguir buscando respuestas en la misma fuente? Y más aún, ¿Cómo encontrar dirección y propósito artístico en medio de una sociedad que ha convertido el arte y el Espíritu Creativo de Dios en una burla hacia Aquél que es el creador de todo? ¿Cómo ser canales de ese Espíritu Creativo y no copias mediocres de un arte que se ha convertido a si mismo en dios? ¿Cómo nuestro arte puede ser relevante en medio de una sociedad en busca de respuestas? ¿Cómo desarrollar un arte reflejo genuino de un Dios Creador?

Ha habido preguntas, pero también ha habido múltiples respuestas de parte de Dios. Sin embargo, las conversaciones imaginarias que he tenido con Bezaleel sobre su experiencia artística y, más aún, lo que el Espíritu Santo ha revelado a mi espíritu sobre el arte a través de la Biblia han afirmado el llamado de Dios. Y sobre todo, ha ampliado mi concepto del arte y del papel que juega dentro del plan profético de Dios de los últimos tiempos. Y me ha hecho entender, que dentro del plan de redención para un mundo necesitado, Dios nos ha dado el regalo del arte como un instrumento para alcanzar naciones con el mensaje transformador de Jesucristo. Lo cual ha sido para mi una experiencia de crecimiento espiritual, afirmación artística y compromiso con mi Dios.

PRIMERA PARTE

INTRODUCCIÓN

INTRODUCCIÓN

"Señor, Hazme Una Mujer De Ideas."

En junio de 1980, salí de Puerto Rico para Inglaterra y Nueva York en pos de un hermoso sueño: cursar estudios avanzados en teatro con el propósito de usar el mismo como agente transformador y que las personas pudieran ver a través de mi arte el reflejo de un Dios Creador.

Había en mí una sed inmensa por conocimientos artísticos que me pudieran capacitar para llevar a cabo mis metas. Ya había tenido la experiencia de trabajar con un grupo de jóvenes y ver lo que Dios podía hacer cuando ponemos nuestros talentos y habilidades en sus manos. Sin embargo, llegar a ese momento de decisión en mi vida no fue un camino fácil, primero, el descubrir y aceptar mis talentos artísticos significaba ir contra lo que en esos momentos era aceptado por la Iglesia en general y, segundo, atreverme a dar el paso y comenzar a moverme en lo que yo sospechaba era la voluntad de Dios, requería de toda mi fe y valentía. Cuantas veces me repitieron "Cristo viene y tu vas a estudiar. . . ¿Qué? ¿Teatro?"

Otra de las grandes incertidumbres en mi, era que no había en mi hogar una tradición artística, aparte de los poemas que mi papá escribió cuando era estudiante en la Escuela Superior Dr. Agustín Stahl de Bayamón y que luego de convertirse a Jesús, escribía de vez en cuando. ¿De dónde, pues, venía la idea?

A la edad de dieciséis años acepté a Jesús como mi Salvador y comencé a asistir a las reuniones de jóvenes de la Iglesia

Defensores de la Fe de la calle Comerío en Bayamón, que en aquellos momentos pastoreaba el Rev. Leonardo Castro. Una noche, cuando llegué a la reunión, encontré que se iba a llevar a cabo una sesión de planificación y se esperaba que diéramos ideas para las actividades a realizarse durante la Semana de la Juventud, la cual se celebraba en la Iglesia todos los años. La mayoría de los jóvenes comenzaron a sugerir diferentes tipos de actividades. Pude observar que el grupo estaba lleno de entusiasmo y continuamente aportaban ideas interesantes y sumamente excitantes. Y yo, no podía sugerir ni siquiera una simple idea. Esa noche oré a Dios. En el mismo lugar donde estaba sentada, torné mi rostro hacia la pared blanca de la cual estaba recostada, y sencillamente le dije a Dios "Señor, hazme una mujer de ideas." Yo misma me quedé sorprendida al oírme decir esa oración, tan es así, que todavía recuerdo, no sólo el momento sino las palabras exactas. Sólo entendía que era un gemir que brotaba de lo más profundo de mi ser, aunque no entendía cómo o por qué habían salido esas palabras de mis labios.

Hasta ese momento nunca había tenido una meta de lo quería hacer con mi vida. Sabía que quería estudiar, porque mis padres me repetían de continuo lo importante de una educación, pero ¿estudiar qué? Solo me entusiasmaba la música, la danza, la pintura y la poesía, pero eso era algo que estaba muy lejano de mi realidad, así que a muy temprana edad los descarté de mi vida. Por lo tanto, no me había detenido a pensar qué iba a estudiar y tampoco recuerdo de otros sueños o ambiciones futuras. Tengo que reconocer que no tenía idea. Entiendo que lo primero que hizo Jesús, luego de salvarme, fue despertar mis sueños. Aquellos sueños que había descartado de niña y que no sabía que permanecían escondidos dentro de mi. Mis sueños no estaban muertos sino dormidos. Ante la presencia de un Dios Creador mi sueño despertó, y el Espíritu de Dios que todo lo escrudiña, aun lo más íntimo de nuestro corazón, me hizo exclamar "Señor, hazme una mujer de ideas" y Dios, entiendo, escuchó la oración. Creo que fue una oración que brotó del mismo corazón de

Dios y se convirtió en semilla dentro de mi espíritu. Son esos momentos en que creemos que somos nosotros los que oramos, para luego darnos cuenta, que esa oración la puso el Espíritu de Dios en nuestro espíritu. Que el Espíritu de Dios hizo sombra sobre nuestro espíritu para hacer germinar el llamado que Dios puso en nosotros desde antes de la fundación del mundo.

DIOS CUMPLE SU PROPÓSITO EN NOSOTROS

En varios meses me convertí en miembro activo de la Sociedad de Jóvenes de mi iglesia y junto con un maravilloso grupo de jóvenes fui miembro fundador del Grupo de Avivamiento, coro que visitó y aún continua, prácticamente visitando cada pueblo de la isla de Puerto Rico y visitando países a través de toda Latinoamérica llevando el mensaje de "Tiempo Para Cambiar." Con el Grupo de Avivamiento visité la República Dominicana, Nueva York, New Jersey, Connecticut, Venezuela, Colombia, Guatemala, México y Chile. Fueron doce años de crecimiento espiritual, a la vez que, una intensa labor evangelística y misionera.

Al mismo tiempo que crecía en el Señor y me desarrollaba como líder dentro del grupo de jóvenes, tuve la oportunidad de estudiar en la Universidad de Puerto Rico (UPR) donde obtuve un bachillerato en ciencias con una especialización en Economía Doméstica y Extensión Agrícola. Esta especialización era lo que más se acercaba al arte, a la vez que me preparaba para trabajar en comunidades aisladas. Con ello daba mis primeros pasos hacia la realización de un sueño que comenzaba a despertar, el arte combinado con el trabajo misionero en áreas de grandes necesidades espirituales y socio-económicas. También hice una maestría en educación con especialización en biología en Bridgeport University, y por fin, tuve la valentía de volver a la UPR para estudiar teatro.

Durante esos años formativos tuve la oportunidad de predicar, ser maestra de escuela dominical y de crear el primer seminario de escuela bíblica dominical para niños en mi iglesia. Pero fue en el área del arte y para ser más específica, del teatro, donde mi petición a Dios "Señor, hazme una mujer de ideas" comenzó a manifestarse, tanto dentro de la Iglesia como en las escuelas donde trabajé como maestra de Introducción a las Ciencias Físicas y Biología; nada parecido al teatro, ya que durante mis años de estudiante universitaria, por nada del mundo me atreví a estudiar teatro.

Con las primeras ideas que iba desarrollando y con esas incipientes inspiraciones creativas, que ahora entiendo recibía de Dios, me convertí a temprana edad en productora independiente de teatro, directora, diseñadora de luces, escenografía y vestuario, actriz y escritora.

En la Escuela Luis Palés Matos de Santa Rosa, Bayamón fundé, con un grupo de estudiantes, un taller de periodismo y creamos el periódico *Clarín*. El cual auspició la creación de la *Semana Palesiana* como respuesta a la falta de identificación positiva de los estudiantes con la escuela. Durante la *Semana Palesiana*, pintamos murales, publicamos un periódico conmemorativo de la *Semana Palesiana*, llenamos la escuelas de afiches que decían "Estudiante Palesiano" y presentamos *La Noche de Clarín,* una producción teatral escrita y dirigida por los estudiantes miembros del *Club de Periodismo*. Invitamos a reconocidos artistas y líderes culturales de Puerto Rico a dar conferencias y a ofrecer conciertos. Entre ellos tuvimos a Jacobo Morales (actor, poeta, cineasta y dramaturgo) en una conferencia sobre cultura puertorriqueña, Sylvia del Villar (la cual ofreció un impactante recital sobre la poesía de Luis Palés Matos), auspiciamos un concurso literario y un programa por WIPR, Canal 6, la estación del gobierno de Puerto Rico, con la participación de Jesús Látimer, la Dra. Margot Arce de Vázquez y Ana Mercedes Palés (la hija de Palés Matos). Pero tal vez lo que más impactó mi vida, es que a partir de esa semana, el lema de "estudiante palesiano" se convirtió en parte del vocabulario de los estudiantes hasta el día de hoy y marcó un nuevo episodio en la vida de la escuela. Esta experiencia comenzó a mostrarme un aspecto de las artes que no conocía, pero también trajo otras interrogantes. Por primera vez desde mi conversión, me envolvía en un trabajo secular donde el arte era el eje principal y el impacto positivo en el estudiantado era sumamente visible. ¿Sería posible que Dios pudiera usar como instrumento de cambio positivo algo que por muchos era considerado como "mundano"?

Tres años mas tarde, pasé a ser maestra en la Escuela Jardines de Caparra de Bayamón. Me llamó la atención lo pequeño de la escuela y las pocas actividades culturales y artísticas que habían, podríamos decir que prácticamente ninguna. Es entonces que organizo unos talleres de teatro y se crea el Taller de Teatro Guariquén (Guariquén es una palabra de raíz taína que quiere decir "mira, ven a ver").

En los cinco años que estuve trabajando con el grupo de teatro, enseñé casi todos los aspectos de las artes teatrales, escribí, adapté y desarrollé alrededor de diez obras de teatro y libretos para conciertos los cuales dirigí y produje. Esta labor artística con los estudiantes se reflejó en la comunidad, la cual comenzó a experimentar el poder transformador de las artes y su impacto en la sociedad y como consecuencia brindó a los integrantes del Taller de Teatro todo su apoyo.

Como resultado indirecto, muchos jóvenes aceptaron a Jesús como su Salvador personal, siguiéndole más tarde sus padres. Y enfatizo "como resultado indirecto" porque como maestra del sistema de educación pública mi meta era educativa y cultural. Pero, nuevamente, había resultados que se manifestaban que no estaban programados con anticipación. ¿Qué era lo que movía a aquellos estudiantes, casi espontáneamente, a tener una experiencia con Dios? También desarrollé talleres de teatro y presentaciones en la iglesia, pero éstos ya tenían un propósito más definido desde el punto de vista de adoración y evangelización.

Desde comienzos de mi desarrollo en las artes, usé el teatro, la música, la poesía, el movimiento corporal, la danza, la pantomima, la fotografía, textos bíblicos y en especial los salmos como vehículos de educación, de desarrollo personal, socio-cultural y de adoración a Dios. Nuestro trabajo artístico se presentó exitosamente a través de la Isla en escuelas, hospitales, centros culturales, conservatorios de música, hoteles, teatros, televisión e iglesias.

A medida que pasaba el tiempo, mi interés por las artes y en especial el teatro, continuó desarrollándose. El Rev. Lic. Rafael Torres Ortega me dio la oportunidad de trabajar junto con él, como asistente de producción de Encuentro, un innovador programa cristiano de televisión, basado en entrevistas a prominentes líderes cristianos y de la comunidad en general. Mi tarea fue la de diseñar la introducción del programa, seleccionar el tema musical, recibir y atender a los entrevistados antes de que comenzara la grabación del programa y hasta en ocasiones ser entrevistada o ser la entrevistadora. Este programa sentó las bases de lo que más tarde fue una de las primeras estaciones de televisión cristiana en Puerto Rico.

Pero ser un pionero en las artes cristianas trajo muchos desafíos y retos a mi vida y un sector de la Iglesia no entendía el potencial de las artes como instrumento de adoración y evangelización. Aun recuerdo el día cuando sintonicé un programa cristiano que se trasmitía por la televisión y el ministro, al cual había entrevistado esa semana para un periódico del cual era la directora y editora, comenzó a hablar de cómo una joven le había visitado el día anterior y se había atrevido a decirle que Dios la llamó para servirle a través de las artes. Y claro está, esa joven era yo. Así, que una vez más, torné mi rostro a Dios en busca de respuestas y Él me dirigió a el llamado de Bezaleel.

MI ENCUENTRO CON BEZALEEL

Este fue impactante y cambió radicalmente mi vida. Al sentir, de una manera directa la oposición que había en la mayoría de las iglesias con relación al arte, surge en mí una interrogante, ¿qué dice la Biblia sobre el arte? Yo había aprendido que la Biblia estaba por encima de cualquier revelación o palabra profética que uno pudiera recibir. Así, que con gran ingenuidad de mi parte, me dispuse a preguntarle a Dios, en qué lugar en la Biblia se hablaba del arte. Y digo ingenuidad, porque ahora me parece extraño que no se me ocurrió consultar una concordancia, diccionario Bíblico, enciclopedia y, mucho menos, preguntarle al Pastor o alguno de los hermanos versados en las Escrituras que había en la iglesia. Sencillamente, pensé que era una pregunta que sólo Dios podía contestarme y por alrededor de tres meses, me senté en un banco del salón de oración de mi Iglesia con la Biblia sobre mi falda, repitiendo una y otra vez la misma oración "¿Señor, muéstrame dónde en Tu Palabra dice que el arte proviene de ti?"

Para ese entonces, los servicios en la Iglesia eran domingo, mañana y noche, lunes, miércoles y viernes. Y sin fallar mantuve la misma oración hasta que una noche, no sé como, la Biblia se me cayó y al recogerla, me llamó la atención el capítulo en que se abrió, Éxodo 31 y comencé a leer. Para sorpresa mía allí estaba la respuesta que buscaba "Mira, yo he llamado por su nombre a Bezaleel hijo de Uri, hijo de Hur, de la tribu de Judá; y lo he llenado del Espíritu de Dios, en sabiduría y en inteligencia, en ciencia y en todo **arte**" (el **énfasis** es nuestro, RVR, 1960). La palabra "arte" me parecía estar echa de bombillitas que prendían y apagaban.

¡Que sorpresa! Tenía la palabra "arte" ante mis ojos y no podía salir de mi asombro. Inmediatamente comencé a buscar referencias y estas me llevaron a Éxodo 35. Es ahí donde Moisés le dice al pueblo lo que Dios le dijo sobre Bezaleel. Entonces por otros tres meses estuve orando para que Dios me llamara por mi nombre de la misma manera que lo hizo con Bezaleel. Hasta que un domingo por la tarde, durante un servicio de oración de los jóvenes, Dios, al igual que hizo con Bezaleel, me llamó por mi nombre y confirmó a través de Su Palabra profética el don que había puesto en mí.

UNA CONVERSACION Y UN RETO

Una tarde, mientras guiaba de regreso a mi hogar, Dios me visitó en el carro. Todavía lo recuerdo con la misma intensidad que lo sentí ese día. El Señor comenzó a hablar a mi espíritu. Me hablaba de un llamado. Me decía que ponía ante mi una opción diferente a la que hasta ese momento tenía. Que si quería seguir sirviéndole como lo estaba haciendo, El me seguiría bendiciendo y prosperando en mi camino, pero que El ponía un nuevo camino ante mi. Entendía en mi espíritu que el camino no sería fácil y que pasarían muchos años antes de ver la manifestación de lo que El me estaba hablando. Muchas veces había escuchado en la iglesia, a través de diferentes predicaciones, que Dios siempre tiene la mejor opción. En esos momentos comencé a llorar porque entendía que mi vida iba a cambiar drásticamente y le dije "Señor yo escojo lo que Tú me ofreces."

Siempre recuerdo que el día que me despedí de mi trabajo, porque salía para Inglaterra a estudiar y mientras hablaba con una de las maestras, al mirar hacia la pizarra, Dios me dio una visión y nuevamente vi un camino sumamente largo, pero yo estaba tan comprometida y entusiasmada con el llamado que en ningún momento me sentí intimidada o con temor. Además, bajo la euforia del momento, yo había calculado que cuando el Señor hablaba de muchos años, posiblemente se refería a unos cinco años. Estoy segura que en esos momentos el Señor sonrió y se sintió tranquilo de que yo no era como los hijos de Isacar, experta en discernir los tiempos. Porque tal vez, si hubiera entendido realmente de lo que Dios me hablaba me hubiese quedado en la comodidad de mi hogar y de la escuela en la cual trabajaba. Después de todo, estaba sirviendo al Señor y viendo el resultado positivo de mi trabajo.

EL ARTE EN EL PLAN PROFÉTICO DE DIOS

Meses después de conocer sobre el llamado de Bezaleel y haber respondido a la invitación de Dios, tuve una visión. Vi dos ruedas dentadas o de engranaje. Eran dos ruedas doradas. Cada rueda era exactamente igual a la otra. En mi espíritu, yo me preguntaba sobre el sentido de lo que veía. Y una voz en mi espíritu comenzó a explicarme que una rueda representa las personas que Dios está llamando y separando para los eventos de los últimos tiempos. "Cada diente o dentado representa a una persona" decía la voz. Y me parecía ver en mi espíritu como una mano gigantesca sacaba personas de diferentes lugares y los unía para formar la rueda. Al mismo tiempo que enfatizaba, que cada diente o dentado tenía que ser idéntico "nadie es más importante que el otro." "La segunda rueda" me decía "representa Mi Palabra, cuando las dos ruedas se unan y engranen perfectamente podrán dar vueltas."

La razón por la cual cada diente tenía que ser del mismo tamaño, me explicaba la voz, es porque cuando las dos ruedas engranaran tenían que caber cada diente exactamente en el espacio de la otra rueda, como un rompecabezas, para que las ruedas pudieran girar suavemente. "Si un diente es más grande que el otro, las ruedas no van a poder engranar, y por lo tanto, no podrán moverse" me decía. En mi visión, cuando las dos ruedas engranaron y comenzaron a dar vueltas, empezó a salir agua a torrentes de la unión de las dos ruedas. "El agua," sentía la voz en mi espíritu que continuaba hablándome "es el Espíritu Santo cubriendo la tierra." Y el instrumento que Dios usaba para que esto sucediera era el arte. Vi el agua caer sobre Puerto Rico y que la misma seguía fluyendo hacia Centro y Sur América y el resto del mundo.

Entonces, oí nuevamente la voz hablando a mi espíritu y diciéndome que vendría un tiempo, cuando veríamos lugares y países cerrados a la predicación de la Palabra del modo tradicional, pero habría artistas preparados por Dios, de diversas partes del mundo, que serían capaces de entrar y poder llevar el mensaje de salvación a través de su arte. Y entiendo, que como Esther, fuimos llamados para este tiempo.

Éxodo 31 y 35, mi conversación con Dios, la palabra profética y las visiones confirmaron el llamado de Dios en mi vida, reforzaron mi vocación por el teatro y dieron a luz al sueño de continuar estudios avanzados en teatro y de proseguir estudiando lo que decía la Biblia sobre el arte. Quería estar preparada para cuando llegara el momento de la manifestación del llamamiento. Soñé con enseñar el teatro como un instrumento de educación, inspiración, sanidad y transformación en comunidades alrededor del mundo. Y también soñé con la elevación de la práctica y el discurso del arte en la Iglesia.

EL ARTE COMO INSTRUMENTO DE CAMBIO

Luego del llamado de Dios, las puertas para estudiar en Bretton Hall College of the Art en Inglaterra y en New York University en Nueva York se abrieron. Salí de Puerto Rico a estudiar y, a la vez, comenzar una carrera en las artes que me ha brindado grandes satisfacciones. Entre ellas, trabajar con la comunidad puertorriqueña en la ciudad de Nueva York.

Uno de los proyectos mas significativos de mi trabajo en Nueva York, ha sido la prevención del VIH y las drogas en la comunidad puertorriqueña. Desarrollamos e implementamos un programa de artes creativas con el propósito de educar y empoderar a personas afectadas por la epidemia de las drogas y el VIH/SIDA a la comunidad en general. También usamos el arte como un instrumento de sanación emocional y espiritual. Como parte de la estrategia para trabajar con la comunidad, abrimos el *Teatro Galería Manny Maldonado* (1995-2005) con el propósito de usarlo como un espacio de teatro alternativo y experimental. El mismo fue el primer teatro galería que se abrió en Williamsburg, Brooklyn y pionero de un movimiento artístico de transformación social y de sanidad emocional y espiritual para una comunidad que hasta entonces había sido azotada duramente por las drogas y el SIDA.

Como parte del trabajo en el *Teatro Galería* se presentaron treinta exhibiciones de arte, doce obras de teatro/performances, diez festivales al aire libre (conciertos, teatro y danza), cuatro conciertos, tres veladas poéticas y un festival de video. Se creó un programa de arte para la comunidad en general que incluía percusión, y en ocasiones, piano, teoría musical, baile, escritura creativa y canto. Diseñamos dos instalaciones de arte público en dos de los parques de la comunidad, ambas dedicadas a la epidemia del SIDA, una de ellas fue documentada por las Naciones Unidas. Y una comunidad, en donde las drogas y el SIDA eran lo que les identificaba, Williamsburg, es hoy en día, reconocido en y fuera de la ciudad de Nueva York como una comunidad artística.

Entendemos que no fuimos los únicos en el proceso transformador de la comunidad, pero jugamos un papel principal. Testigo de ellos son los numerosos reconocimientos, artículos periodísticos, entrevistas radiales y programas de televisión que vinieron a documentar el trabajo de prevención hecho a través de las artes, como *CNN En Español* y *Eyewitness News*, ABC TV. Testigo de ello son también, las presentaciones y demostraciones del uso de la música en la prevención del VIH en conferencias nacionales en el CDC (Centros para el Control y la Prevención de Enfermedades) en Atlanta, Georgia e internacionales, como la *12ma Conferencia Mundial del SIDA*, Geneva, Suiza y *Mujeres 2000: Preocupaciones de Salud de la Mujer de Latinoamérica y el Caribe en el siglo 21* auspiciado por las Naciones Unidas. Y hasta una invitación a Casa Blanca por el Presidente Clinton. Nos sentimos agradecidos de Dios, porque entendemos que nos dio la sabiduría, el conocimiento y sobre todo el regalo del arte como instrumento para transformar y, literalmente, salvar vidas.

La Biblia nos dice en Efesios 3:20-21 "Y a Aquel que es poderoso para hacer todas las cosas mucho más **abundantemente de lo que pedimos o entendemos**, según el poder que actúa en nosotros, a El sea gloria en la iglesia en Cristo Jesús por todas las edades, por los siglos de los siglos. Amén," (el énfasis es nuestro). Y yo soy testigo de esa abundancia creadora de Dios.

SEGUNDA PARTE

EL DISEÑO DEL TABERNÁCULO

CAPÍTULO 1

Mas allá de las tablas de piedra

Y hacerme han un santuario,
y yo habitaré entre ellos.
(Éxodo 25:8)

TRASFONDO HISTÓRICO

¿Quién era Bezaleel? ¿Quién lo llamó? ¿Cuándo? ¿En qué lugar? ¿Por qué fue llamado? ¿Cómo es que yo nunca había oído hablar de él? Estas fueron algunas de las preguntas que vinieron a mi mente luego de mi encuentro con Bezaleel en Éxodo 31 y el comienzo de una búsqueda de respuestas. Respuestas que han ido formando poco a poco un rompecabezas, que a su vez, se ha ido transformando a medida que la imagen se clarifica, en el fundamento bíblico de lo que yo entiendo puede ser la Teología del Arte. No me cogió mucho tiempo para darme cuenta que Bezaleel fue un artista separado por Dios para realizar una labor monumental bajo condiciones sumamente difíciles. Y no podemos entender la importancia de la vocación de Bezaleel, sino conocemos y entendemos lo valioso y significativo del trabajo a realizar. Te invito, pues, a que junto conmigo descubras el llamado de Bezaleel, que muy bien podría ser ejemplo del tuyo, ya que Dios nos llama individualmente, por nuestro nombre, para llevar a cabo un trabajo específico para Su reino.

Comencé por leer, releer y comparar una y otra vez el capítulo 31 de Éxodo con diferentes versiones de la Biblia para saber si decían lo mismo, como lo decían y si ofrecían alguna explicación adicional sobre Bezaleel, hábito que todavía tengo. Y me pareció significativo e indicador de algo muy particular el momento histórico en que se produce su llamado. Nos dice la Biblia, en Éxodo 19:1 "Al mes tercero de la salida de los hijos de Israel de la tierra de Egipto, en aquel día vinieron al desierto de Sinaí." Dependiendo cual comentario sobre las Escrituras leas, Moisés y el pueblo hebreo se echaron más o menos de dos a tres meses en llegar de Egipto al desierto de Sinaí. Lugar ya conocido por Moisés, pues nos narra la Biblia en Éxodo 3, que éste tuvo un encuentro con Dios y recibió el llamado para ir a libertar a los israelitas de mano de los egipcios en ese lugar, el cual conocemos como el monte Horeb y se encuentra en el desierto de Sinaí.

Para muchos estudiosos de la Biblia el Monte Horeb es sinónimo del Monte Sinaí. Por ejemplo, Adam Clarke[1] en sus comentarios sobre la Biblia nos dice que Horeb y el Sinaí, eran dos picos de la misma montaña, que a veces se le llamaba Horeb, y en otros momentos, Sinaí. Horeb fue probablemente el nombre primitivo de la montaña, que luego fue llamada la montaña de Dios y tierra santa, porque Dios se apareció a Moisés en ella. Podemos notar que el monte Horeb se identifica en Éxodo 3:1 como "monte de Dios" y en Éxodo 3:5, Dios mismo, cuando habla con Moisés le dice "No te llegues acá: quita tus zapatos de tus pies, porque el lugar en que tú estás, tierra santa es." En Hechos 7:30 se refiere al monte de Horeb como el monte Sinaí "un ángel le apareció en el desierto del monte Sina[2], en fuego de llama de una zarza." Y Hechos 7:33 vuelve y nos confirma el mismo como tierra santa "Y le dijo el Señor: Quita los zapatos de tus pies, porque el lugar en que estás es tierra santa."

Es a ese "monte de Dios" y "tierra santa" que Jehová invita a Moisés para darles las tablas de piedra, la ley, y los mandamientos que El había escrito para que se le enseñase al pueblo (Éxodo 24:12). Y nos dice la Biblia que Moisés entró en medio de la nube, y subió al monte y estuvo en el monte con Dios cuarenta días y cuarenta noches (Éxodo. 24:18). Vemos que el escenario que comienza a presentarse ante nosotros es uno muy particular. Dios convoca a Moisés a tierra santa, tierra que ha sido separada por El para hablar e instruir a Moisés y si el escenario es solemne, el drama que comienza a revelarse será más solemne todavía. Y el hecho de que Moisés estuvo en el monte con Dios cuarenta días y cuarenta noches nos da a entender de la importancia de la reunión y del valor espiritual de la misma. Encontramos que la próxima vez que Moisés está en el monte con Dios por cuarenta días y cuarenta noches es para interceder por el pueblo de Israel y literalmente clamar por la vida de ellos, porque habían hecho una imagen de fundición (Deuteronomio 9:12) y Dios había dicho a Moisés "Déjame que los destruya, y raiga su nombre de debajo del cielo," (Deuteronomio 9:14a). Así que estas reuniones con Dios de cuarenta días con cuarenta noches han sido transcendentales para la vida de la nación de Israel.

Y HACERME HAN UN SANTUARIO

Durante esos cuarenta días y cuarenta noches, Dios no solamente le da a Moisés las tablas de piedra, la ley y los mandamientos que El había escrito, sino que le dice "Di á los hijos de Israel que tomen para mí ofrenda, de todo varón que la diere de su voluntad, de corazón, tomaréis mi ofrenda," (Éxodo 25:2). La palabra ofrenda en este pasaje bíblico nos viene del hebreo *terumah*[3], y es la primera vez que se utiliza este término. Es una ofrenda, regalo o contribución que sería levantada, elevada a Dios, ya que el Sacerdote la tendría que levantar para colocarla sobre el altar y consistiría de cosas que serían necesarias para la ocasión. No era una ofrenda para Moisés o los sacerdotes. Dios comienza la petición diciendo "tomen para mí ofrenda." Moisés sería solo el recaudador de la misma. Dios le pone varios requisitos a la ofrenda, es una ofrenda específica, que había que darla voluntariamente, sin ningún tipo de presión y debía ser de corazón, en otras palabras, había que darla con buena actitud. Y al finalizar Su petición a Moisés, Dios vuelve y reitera "tomaréis mi ofrenda." No se identificó cuanto tenían que dar, sino que fue dejado que cada uno diera de acuerdo a su generosidad o a su situación personal. Dios estaba consciente que esto no sería una carga para el pueblo, sino más bien, una demostración de amor, gratitud y obediencia a El, porque junto con la promesa de liberación en Egipto, le dio la promesa de provisión para el camino que se abriría ante ellos:

> Y yo daré á este pueblo gracia en los ojos de los Egipcios, para que cuando os partiereis, no salgáis vacíos: Sino que demandará cada mujer á su vecina y á su huéspeda vasos de plata, vasos de oro, y vestidos: los cuales pondréis sobre vuestros hijos y vuestras hijas, y despojaréis á Egipto. (Éxodo 3: 21-22)

Hay estudiosos de la Biblia que nos dicen, que aunque el pueblo fue esclavo por 400 años, antes de salir de Egipto recibieron el pago retroactivo por la ardua labor que realizaron en el mismo, específicamente, ellos trabajaron en la construcción de las pirámides. Y como resultado a la obediencia a Sus instrucciones, Dios cumplió su promesa "E hicieron los hijos de Israel conforme al mandamiento de Moisés, demandando á los Egipcios vasos de plata, y vasos de oro, y vestidos. Y Jehová dió gracia al pueblo delante de los Egipcios, y prestáronles; y ellos despojaron á los Egipcios," (Éxodo 12: 35-36).

Dios especifica a Moisés qué tipo de ofrenda tenían que dar. Recordemos que la palabra en hebreo que se usa en este pasaje para la palabra ofrenda es *terumah*, que consiste en cosas que serían necesarias para la ocasión, cosas específicas, y Dios sabía lo que sería necesario para el trabajo que iban a realizar:

> Y esta es la ofrenda que tomaréis de ellos: Oro, y plata, y cobre, Y jacinto, y púrpura, y carmesí, y lino fino, y pelo

de cabras, Y cueros de carneros teñidos de rojo, y cueros de tejones, y madera de Sittim; Aceite para la luminaria, especias para el aceite de la unción, y para el sahumerio aromático; Piedras de onix, y piedras de engastes, para el ephod, y para el racional. (Éxodo 25:3-7)

Una clasificación de la lista nos deja ver con más claridad que la misma se componía de metales, telas o materiales textiles, pieles, madera, aceite, especies y piedras preciosas. Y con ellas había un propósito determinado. La lista era específica y había que ser específico en el dar:

Metales:	oro, plata y bronce
Telas:	azul, púrpura, carmesí y lino fino
Pieles:	pelo de cabras, pieles de carneros teñidas de rojo, pieles de tejones
Madera:	Sittim o acacia
Aceite:	oliva
Especies:	mirra, canela aromática, cálamo aromático, casia, aceite de olivas, estacte y uña olorosa , gálbano aromático e incienso puro (Éxodo 30:23,-24; 34).
Piedras:	Sárdica, topacio, carbunclo, esmeralda, turquesa, zafiro, diamante, rubí, ágata, amatista, berilo, ónix y jaspe (Éxodo 28: 9, 17-20).

Inmediatamente del pedido de la ofrenda, Dios continua hablando y le dice a Moisés "Y hacerme han un santuario, y yo habitaré entre ellos," (Éxodo 25:8). Pienso que cuando Dios le habló a Moisés de que le iba a dar la ley y los mandamientos, Moisés se sintió, podríamos decir que hasta contento, porque la ley implica orden. La ley para todo líder es una guía y una ayuda. Sin embargo, una construcción, por sencilla que sea, implica trabajo adicional. ¡Otra tarea más! Había que guiar al pueblo a la tierra prometida y ahora había que construir un Tabernáculo. Moisés salió con 600,000 hombres, sin contar mujeres y niños, lo que algunos calculan como un promedio de 1.5 o 2 millones de personas. Éxodo 12:38 nos dice que también "subió con ellos grande multitud de diversa suerte de gentes; y ovejas, y ganados muy muchos." Lo cual implica, que posiblemente salieron junto con los hebreos, esclavos egipcios que siguiendo el ejemplo de los hijos de Israel, ofrecieron un cordero en sacrificio, ya sea porque había una relación con las familias hebreas o, a través de éstas, habían visto la manifestación de Dios y le creyeron. Entiendo que la tarea era monumental: guiar a un pueblo numeroso y diverso, sus animales, objetos personales, alimentos y adicional a ello, había que construir un santuario o tabernáculo a Dios.

Este mandato es extraordinario, construir un santuario, un lugar sagrado y en el desierto, donde por lo regular no hay facilidades de agua, alimento y áreas frescas de reposo para descansar al final de un día de trabajo. ¿Por qué en este lugar? ¿Por qué en este momento histórico?

Recordemos, que cuando Dios creó a Adam y Eva, les puso en el huerto o jardín del Edén. El huerto es un lugar de cultivo, donde se le da un cuidado especial a las plantas, las cuales son por lo regular hortalizas que nutren a los que las cultivan y por lo regular se complementa el lugar con flores, fuentes o esculturas con el propósito de embellecer el espacio. Es un lugar que nos hace sentir bien, a la vez que nos provee de alimentos que nos nutren y fortalecen. En Génesis 3:8a, hablando sobre Adam y Eva, nos dice "Y oyeron la voz de Jehová Dios que se paseaba en el huerto al aire del día." Lo que para mi implica que Dios acostumbraba a visitarles. Para mi el huerto o jardín del Edén era un lugar donde había una comunión entre Dios y Su máxima creación: es el lugar donde Dios pone al hombre una vez creado, le da propósito a su vida al decirle que labrase y guardase el huerto y le pusiera nombre a todo animal viviente y le da instrucciones para que tenga un estilo de vida próspero "De todo árbol del huerto comerás; Mas del árbol de ciencia del bien y del mal no comerás de él; porque el día que de él comieres, morirás," (Génesis 2:16-17). El huerto es el lugar donde Dios ve que el hombre necesita ayuda y dice "No es bueno que el hombre esté solo; haréle ayuda idónea para él," (Génesis 2:18).

Una vez que Adam y Eva desobedecen al mandato de Dios, nos dice la Palabra "Y sacólo Jehová del huerto de Edén," (Génesis 3:23a). Ese lugar especial donde Adam y Eva se encontraban a diario con Dios ya no estaría accesible para ellos. Adam y Eva pierden, no sólo la comunión directa con su creador, sino que también pierden el reposo y la vida con propósito que su relación con Dios y el lugar les proporcionaba.

Sin embargo, a pesar de la maldición que cae sobre ellos, Dios les hace una promesa de redención:

> Y Jehová Dios dijo á la serpiente: Por cuanto esto hiciste, maldita serás entre todas las bestias y entre todos los animales del campo; sobre tu pecho andarás, y polvo comerás todos los días de tu vida: Y enemistad pondré entre ti y la mujer, y entre tu simiente y la simiente suya; ésta te herirá en la cabeza, y tú le herirás en el calcañar. (Génesis 3:14-15)

Y como un símbolo de lo que El ya había provisto en Su plan de redención, nos dice la Biblia "Y Jehová Dios hizo al hombre y á su mujer túnicas de pieles, y vistiólos," (Génesis 3:21). Para poder proveer esas túnicas de pieles tubo que haber un derramamiento de sangre.

Dios no olvida sus promesas y aunque en el momento en que el pueblo hebreo sale de Egipto ya han pasado más de dos mil años, el plan de redención establecido por Dios no se detuvo. Si miramos un poco hacia atrás, casi al cumplimiento de los 2000 años de Dios haber sacado del huerto a Adam y Eva, Dios le habla a Abram y le dice:

> EMPERO Jehová había dicho á Abram: Vete de tu tierra y de tu parentela, y de la casa de tu padre, á la

tierra que te mostraré; Y haré de ti una nación grande, y bendecirte he, y engrandeceré tu nombre, y serás bendición: Y bendeciré á los que te bendijeren, y á los que te maldijeren maldeciré: y serán benditas en ti todas las familias de la tierra. (Génesis 12:1-3)

Y efectivamente, esa nación que surge de Abraham es la que ahora sale de Egipto bajo el liderazgo de Moisés. Los hijos de Israel estuvieron 430 años en Egipto (Éxodo 12:40), de los cuales 400 años fueron como esclavos. Cuando uno es esclavo está sujeto al amo, posiblemente los hijos de Israel conocían más de los dioses de Egipto que de su propio Dios. Pero Dios les saca de Egipto de una forma majestuosa, de manera que ellos pudieran hacer memoria y tal vez recordar las historias que sus antepasados les habían contado sobre su Dios. Que pudieran recordar quién era Abraham y, sobre todo, reconocer cómo a pesar del tiempo que había transcurrido Dios no se olvidó de la promesa que le hizo a éste:

Ten por cierto que tu simiente será peregrina en tierra no suya, y servirá á los de allí, y serán por ellos afligidos cuatrocientos años. Mas también á la gente á quien servirán, juzgaré yo; y después de esto saldrán con grande riqueza. . . . En aquel día hizo Jehová un pacto con Abram diciendo: A tu simiente daré esta tierra desde el río de Egipto hasta el río grande, el río Eufrates; (Génesis 15:13-14, 18)

El pueblo tal vez haría memoria de cómo José había llegado a Egipto y había sido instrumento para salvar la nación, sin embargo, al pasar el tiempo se convirtieron en esclavos, pero al cumplirse el término exacto que Dios había dicho a Abraham, fueron libertados y salieron "con gran riqueza."

Nuevamente, Dios le habla a Moisés para darle instrucciones de lo que tiene que hacer y comienza por recodarles lo que ha hecho con ellos y cual fue su propósito "Vosotros visteis lo que hice á los Egipcios, y cómo os tomé sobre alas de águilas, y os he traído á mí," (Éxodo 19:4). Entiendo que Dios quiere restablecer esa comunión diaria que tenía con el hombre y la mujer en el huerto del Edén y volver a dejar sentir su presencia en medio de ellos y les propone lo siguiente "Ahora pués, si diereis oído á mi voz, y guardareis mi pacto, vosotros seréis mi especial tesoro sobre todos los pueblos; porque mía es toda la tierra. Y vosotros seréis mi reino de sacerdotes, y gente santa," (Éxodo 19:4-6).

El Tabernáculo sería la manifestación visible de la presencia de Dios en medio de su pueblo. Un pueblo que fue sacado de Egipto. Un pueblo al que Dios le dice "y os he traído á mí." Creo que en Su deseo de re-establecer esa comunicación que tenía en un principio en el huerto con Adam y Eva, Dios diseña el Tabernáculo o lugar de reunión. Este sería una especie de "puente" sobre el vacío que existía entre Dios y el hombre después de la caída de Adam. Este lugar de reunión sería Su santuario, Su habitación. Sería en efecto la casa visible de Dios. El santuario sería un lugar para Dios habitar y testigo ante los demás pueblos de la constante presencia de Dios en medio de Israel. Sería el lugar donde el pueblo podría venir a reunirse con su Dios y honrarle. Lugar de oración y adoración, lugar en el cual el pueblo podría presentar sus peticiones y recibir sus respuestas. Sería el lugar donde El revelaba Su voluntad a Su pueblo. En el cual El pondría Su nombre y consagraría símbolos de Su presencia, como lo es el Arca del Pacto. La presencia de Dios en el Tabernáculo sería prueba de Su gracia y misericordia hacia los hijos de Israel. Sería una demostración pública de que Dios está presente en medio de ellos para pro-tegerlos, gobernarlos, juzgarlos y bendecirlos. Y un lugar que señalaría el camino hacia esa promesa de redención hecha en el huerto del Edén a Adam y Eva. Como nos dice el Apóstol Pablo en Hebreos, que Cristo es "el más amplio y más perfecto tabernáculo," (Hebreos 9: 11). Y porque el pueblo habitaba en casas de campañas en el desierto, este santuario sería una casa de campaña gigantesca. El Tabernáculo podría armarse y desarmarse fácilmente, lo cual facilitaría que ambos, pueblo y presencia de Dios se moviesen juntamente.

Creo que las implicaciones de la tarea a realizar son enormes. No es una petición común. Estamos hablando del Dios creador del cielo y de la tierra, el cual Moisés había conocido en medio de la zarza ardiente (Éxodo 3). Nos dice la Biblia que cuando los principales líderes de Israel, Aarón, Nadab y Abiu subieron con Moisés a la montaña "Y vieron al Dios de Israel; y había debajo de sus pies como un embaldosado de zafiro, semejante al cielo cuando está sereno," (Éxodo. 24:10). Creo que Moisés tenía una idea bastante clara de la majestuosidad de Dios. Es la primera vez que Dios habla de un lugar para sí mismo. Así que me imagino el reto y lo que pasó en esos momentos por la mente de Moisés en fracción de segundos, cómo podría él diseñar un lugar para Jehová Dios. Pero no sería Moisés el que diseñaría el Tabernáculo.

Dios continua hablando y le dice "Conforme á todo lo que yo te mostrare, el diseño del tabernáculo, y el diseño de todos sus vasos, así lo haréis," (Éxodo 25:9). En otras palabras, el Diseñador y Principal Arquitecto sería Dios. Toda interrogante sobre cómo se haría el santuario, me imagino que cesó cuando Dios inmediatamente le dice, lo harás "conforme a todo lo que yo te mostrare." Jehová Dios le mostró el diseño del Tabernáculo a Moisés y lo mostró con todos los detalles necesarios para que el diseño fuese una realización exitosa "Y mira, y hazlos conforme á su modelo, que te ha sido mostrado en el monte," (Éxodo 25:40). Desde Éxodo 25:10 hasta Éxodo 30:38 hay un recuento de lo que Dios le muestra a Moisés que debía realizar. Le mostró y le dio el diseño del Tabernáculo con sus medidas, materiales, nombre de las distintas partes del mismo y propósito. Nombre de los diferentes muebles y accesorios, especificaciones como materiales, colores, medidas y hasta la técnica de cómo hacerlos y el propósito de cada uno.

NOTAS:

[1]Adam Clarke, <u>Commentary on the Bible</u>. <http://www.
sacred-texts.com/bib/cmt/clarke/exo003.htm>.
[2]En la versión Reina-Valera Antigua, que es la que estamos
usando, Sinaí aparece con el nombre de Sina.
[3]Blue Letter Bible. "Dictionary and Word Search for
těruwmah (Strong's 8641)". Blue Letter Bible. 1996-2012.
11 Dec 2012. < http:// www.blueletterbible.org/lang/
lexicon/lexicon.cfm? Strongs=H8641&t=KJV >

CAPITULO 2

Conforme a todo lo que yo te muestre

Y mira, y hazlos conforme á su modelo,
que te ha sido mostrado en el monte.
Exodo 25:40

DISEÑO Y ESPECIFICACIONES

Es interesante notar, que hemos asociado el encuentro de Jehová Dios con Moisés en el monte por cuarenta días y cuarenta noches solamente con la entrega de las tablas de piedra y la ley. Pero al observar todos los detalles que aparecen descritos sobre el Tabernáculo, sus muebles y accesorios, me parece que Dios pasó una gran cantidad del tiempo instruyendo a Moisés sobre el mismo, explicando el diseño y sus detalles, clarificando dudas, e identificando quienes harían el trabajo y cómo El los iba a preparar para el proyecto. Y, más aún, posiblemente enfatizando una y otra vez, que el Tabernáculo sería un reflejo, un prototipo, de Aquel que habría de venir. Por lo tanto, Moisés tenía que seguir las instrucciones al pie de la letra. Moisés sería responsable ante Jehová Dios por el trabajo que se iba a realizar.

Cómo me hubiese gustado estar detrás de una roca, para escuchar todos los detalles y, sobre todo, para ver el diseño creado por Dios mismo sobre el Tabernáculo. Sin embargo, el Apóstol Pablo en 2 Timoteo 3:16a nos dice que "Toda Escritura es inspirada divinamente" y gracias a esa inspiración divina, hoy en día tenemos un confiable informe de lo que sucedió en la reunión de Jehová Dios con Moisés, que nos sirve de guía para poder entender cómo y por qué se hizo el Tabernáculo y qué nos dice éste a nosotros hoy en día. Veamos pues, que era lo que había que hacer.

EL ARCA DEL TESTIMONIO

Encontramos en Éxodo, que Dios da a Moisés, el nombre especifico de cada mueble, accesorio o parte del Tabernáculo, la descripción del mismo (especificaciones y medidas) y el propósito. Por ejemplo, examinemos como se iba a construir el Arca del Testimonio (Éxodo 25:10-22), que es el primer mueble que se menciona. He decidido usar la forma de bosquejo en esta descripción para destacar lo que se requería para la construcción. Y en esta descripción de la construcción del Arca del Testimonio se enfatizan tres aspectos: las medidas del arca, las especificaciones, como por ejemplo, que materiales se iban a utilizar y, por último, cuál era el propósito del arca.

El Arca del Testimonio contaba de dos partes principales: el arca y la tapa del arca con sus dos querubines.

EL ARCA

Medidas:
- Largo 3 ¾ pies (1.12 metros)
- Ancho 2 ¼ pies (68 centímetros)
- Altura 2 ¼ pies (68 centímetros)

Especificaciones:
- El Arca iba a ser construida utilizando madera de Sittim (acacia).
- La misma tenía que ser cubierta de oro puro por dentro y por fuera.
- El Arca debía tener sobre ella una cornisa de oro alrededor.

- Había que hacerle cuatro anillos de oro fundido, un anillo de oro fundido en cada esquina, dos anillos a un lado y dos anillos al otro lado.
- Tendría dos varas de madera de Sittim revestidas de oro.
- Las varas se pasarían por los anillos a los lados del arca, para llevar el arca con ellas y se mantendrían en los anillos del arca todo el tiempo.

Propósito:

- "Y pondrás en el arca el testimonio que yo te daré," (Éxodo 25:16). Hebreos 9:4 nos dice cual fue el testimonio que se puso en el Arca, ésta "contenía el maná, la vara de Aarón que reverdeció, y las tablas del pacto."

CUBIERTA DE ORO CON LOS DOS QUERUBINES

Medidas:

- Largo 3 ¾ pies (1.12 metros)
- Ancho 2 ¼ pies (68 centímetros)

Especificaciones:

- Nos dice que la cubierta de oro es la tapa del Arca, y sería de oro puro.
- La cubierta con los querubines en sus dos extremos será de una sola pieza (lo que nos indica cómo se construiría esta cubierta).
- La cubierta iría sobre el Arca del Testimonio .
- Y se colocaría el Arca del Testimonio en el Lugar Santísimo (Éxodo 26:34).
- Los querubines serán de oro labrado a martillo.
- Un querubín en un extremo de la cubierta y el otro en el otro extremo. Tanto la cubierta y los querubines en sus dos extremos estarán hechos de una sola pieza.
- Las alas de los dos querubines estarán extendidas hacia arriba, de manera que se cubrirá la cubierta con las alas y estarán uno frente al otro. Los rostros de los querubines estarán mirando hacia la cubierta.

Propósito:

• "Y de allí me declararé á ti, y hablaré contigo de sobre la cubierta, de entre los dos querubines que están sobre el arca del testimonio, todo lo que yo te mandaré para los hijos de Israel," (Éxodo 25:22).

Si se observa detenidamente, estas dos piezas requerían conocimiento en el área de la ebanistería y metales. Más aún, el hecho de que la cubierta y los dos querubines deberían ser de una sola pieza labrados a martillo indica un nivel de destreza artística altamente desarrollado. Yo te reto a que cojas un martillo y un lingote de oro y comiences a dar martillazos a ver si te sale la cubierta con dos hermosos querubines.

El Arca del Testimonio es tan solo un ejemplo de todo el trabajo que se tenía que realizar, pero te da a entender la profundidad y seriedad del llamado de Bezaleel y de los que colaboraron con él y la preparación necesaria para el mismo. Muchas veces se resume en una o dos oraciones cual fue su tarea, pasando casi desapercibida su contribución. Reconozco, que en la época trascendental en la que vivimos, donde las artes están siendo restauradas a su propósito original, entender sobre el llamado de Bezaleel y su preparación, tanto artística, técnica y, sobre todo, espiritual, es esencial para nosotros los artistas del siglo 21.

Lo siguiente, es una breve descripción del Tabernáculo, sus muebles y accesorios. Para más detalles de cada pieza o partes del Tabernáculo por medidas, especificaciones y propósito, favor ver el Apéndice A.

Siguiendo el orden que aparece en la Biblia de Éxodo 25 a Éxodo 30, Dios ordena a Moisés realizar lo siguiente:

MUEBLES Y ACCESORIOS

EL ARCA DEL TESTIMONIO
Éxodo 25:10-22

Es la pieza central del Tabernáculo y sería situada en el Lugar Santísimo y la primera pieza que se construye. Es donde Jehová Dios hablaría con el sacerdote.

LA MESA PARA EL PAN DE LA PROPOSICIÓN

Éxodo 25:23-30

La mesa incluía platos, cucharas, tazones y cubiertas y estaría en el Lugar Santo. En ella se colocaría el pan de la proposición. El Pan de la Proposición serían doce hogazas de pan que se colocarían sobre la mesa y que se reemplazarían todos los sábados (Levíticos 24:5-8). El pan de la proposición estaría como una ofrenda constante delante de Jehová.

EL CANDELERO DE ORO

Éxodo 25:31-39

Estaría en el Lugar Santo para alumbrar.

EL TABERNÁCULO

El Tabernáculo fue hecho con cuatro (4) tipos de cortinas o cubiertas:
1. Las cortinas de lino fino torcido
2. Las cortinas de pelo de cabra
3. Las cortinas de pieles de carnero
4. Las cortinas de marsopa

De acuerdo a algunos historiadores, las cortinas tenían cuatro funciones:

1. Ocultar el Tabernáculo de los ojos de los espectadores.

2. Dar al Tabernáculo la apariencia de una tienda de campaña.

3. Aumentar su belleza interior porque las cortinas del Tabernáculo podían ser vistas solamente desde el interior.

4. Proteger el Tabernáculo de la lluvia, el viento y la arena del desierto.

LAS CORTINAS DE LINO TORCIDO PARA EL TABERNÁCULO

Éxodo 26:1-6

Sería el primer conjunto interior de cortinas, las cuales formarían el «Tabernáculo,» (Éxodo 26:6b). Y el material de las mismas tendrían cuatro colores: blanco (lino torcido), azul, púrpura y carmesí.

LAS CORTINAS DE PELO DE CABRA

Éxodo 26:7-13

Estas serían puestas sobre las cortinas de lino torcido.

UNA CUBIERTA DE CUEROS DE CARNERO

Éxodo 26:14ª

Estas sería puesta sobre la cortinas de pelo de cabra.

UNA CUBIERTA DE CUEROS DE TEJONES

Éxodo 26:14b

Estas sería puesta sobre la cortinas de pelo de cabra, pero cubrirá solo la parte del techo.

LA ESTRUCTURA DEL TABERNÁCULO

Éxodo 26:15-37

LAS TABLAS VERTICALES

Éxodo 26:15-29

Formaban el marco o paredes del Tabernáculo, serían hechas de madera de Sittim (acacia) cubiertas de oro.

BARRAS DE SITTIM (ACACIA)

Éxodo 26:26-30

Se compondría de tres grupos de barras o zócalos, de cinco barras cada grupo, con el propósito de mantener las tablas verticales, las cuales formaban el Tabernáculo alineadas unas con otras. Al igual que las tablas, serían hechas de madera de Sittim forradas con oro.

EL VELO

Éxodo 26:31-33

Estaría hecho de azul, púrpura, carmesí y blanco (lino torcido). Jehová le enfatiza a Moisés, que el mismo sería hecho de "primorosa labor, con querubines." Y éste separaría el Lugar Santo del Lugar Santísimo.

PUERTA DEL TABERNÁCULO

Éxodo 26:36-37

Sería una cortina de azul, púrpura y carmesí hecha por un bordador y se pondría a la entrada del Tabernáculo.

EL ATRIO Y LA PUERTA

Éxodo 27:9-19

EL ALTAR DE BRONCE

Éxodo 27:1-8

Estaría situado en el atrio, hecho de madera de Sittim, cubierto de bronce y tendría cuatro cuernos, uno en cada esquina. Tendría todos los accesorios necesarios para realizar las diversas ofrendas u holocaustos, como calderos para recoger la ceniza, palas y braceros, entre otros.

EL ATRIO

Éxodo 27:9-19

Este sería demarcado por una cortina de lino torcido alrededor del Tabernáculo.

PUERTA DEL ATRIO

Éxodo 27:16

Esta sería una cortina hecha de azul, púrpura, carmesí y lino torcido y sería obra de bordador.

VESTIDURAS SAGRADAS

Éxodo 28:1-4

EL EPHOD DE ORO

Éxodo 28:4-7

Sería hecho de oro, azul, púrpura y carmesí, obra de bordador. Se usaría sobre la túnica.

PECTORAL

Éxodo 28:15-21

Se haría con el mismo material del Ephod y tendría cuatro hileras de piedras, tres piedras en cada hilera. La esmeralda y el topacio son ejemplos de las piedras que se usarían. Se pondría sobre el Ephod de Oro.

EL MANTO DEL EPHOD

Éxodo 28:31-35

Túnica de diseño más sencillo, sin mangas.

LÁMINA DE ORO PURO

Éxodo 28:36-38

Lámina de oro puro que estaría puesta sobre la mitra y llevaría grabada la frase "Santidad a Jehová."

TÚNICA, MITRA, CINTO Y CALZONCILLOS

Éxodo 28:39, 42

Túnica y mitra de lino, el cinto sería obra de recamador y los calzoncillos de lino para cubrir la desnudez.

ALTAR PARA QUEMAR INCIENSO, PILA DE BRONCE, EL ACEITE Y EL INCIENSO

ALTAR PARA QUEMAR INCIENSO
Éxodo 30:1-10

Estaría en el Lugar Santo, frente al velo y el sacerdote quemaría incienso sobre él cada mañana.

PILA DE BRONCE O FUENTE DE METAL

Éxodo 30:17-21

Estaría situada en el atrio, entre el Tabernáculo de Reunión y el altar. El propósito de la misma sería para que los sacerdotes y sus hijos se lavaran las manos y los pies.

ACEITE DE LA UNCIÓN

Éxodo 30:22-33

Se utilizaría para ungir y consagrar tanto al sacerdote como al Tabernáculo, muebles y accesorios.

EL INCIENSO

Éxodo 30: 34-38

Para usarse en el altar para quemar incienso.

OBRA DE HÁBIL ARTÍFICE

Como habrás podido observar en el breve recuento, la construcción del Tabernáculo, necesitaba primero que nada, obediencia. Había que seguir las instrucciones al pie de la letra. Además, se requería de destrezas en áreas sumamente diversas, que iban desde cortar tablas de madera de Sittim hasta bordar o coser. Quizás el conocimiento en el área de la construcción no sería un reto para los israelitas, ya que durante el tiempo que estuvieron en Egipto trabajaron duramente en la misma. Sin embargo, ahora están en el desierto, las condiciones han cambiado drásticamente. Hay piezas que requerían destrezas artísticas, como la creación de la cubierta del Arca con sus los querubines y el candelero, los cuales serían de oro puro, labrados a martillo y de una sola pieza. En otras palabras, no se podía hacer por partes y luego unirse.

El proyecto requería conocimiento sobre los distintos materiales a usarse: cómo trabajar los metales, la madera, las telas, las piedras preciosas, el aceite y las especies, entre otras cosas. Se necesitaba conocer de medidas, ya que había que cortar la madera siguiendo medidas específicas, muebles que construir y cómo interpretar las instrucciones y realizar los diseños que Dios le había mostrado a Moisés sin salirse del diseño que Dios les había dado. Cómo trabajar la cubierta del Arca y los querubines de tal manera que fuesen de una sola pieza como Dios indicaba. No podían ser hechos individualmente y luego pegarse. Se necesitaba conocimientos de proporción, colores, perspectiva. Cómo hacer los tejidos, preparar el lino fino torcido, preparar los colores, teñir las telas, preservar las pieles, cortar las tablas, fundir el oro y la plata y cubrir la madera con ellos. Cómo interpretar el diseño de las vestimentas sacerdotales y confeccionar los mismos. Saber bordar, coser, tejer, tallar madera, grabar piedras y metales, y saber también, hacer el aceite y el incienso.

Se precisaba de conocedores de arquitectura e ingeniería para entender el diseño y ensamblaje del mismo y poder levantar el Tabernáculo en las condiciones hostiles del desierto y que el mismo se mantuviese en pie. Y a la vez, hacer el mismo de manera que se pudiera montar y desmontar en el momento mismo que Dios le diera la orden a Moisés de acampar o de continuar caminando.

Y todo había que hacerlo hábilmente. Dios le repite a Moisés que el trabajo requería de destrezas especiales "será hecho de primorosa labor," en algunas traducciones nos dice "obra primorosa" y en otras "obra de hábil artífice," (Éxodo 26:31, 36; Ex. 28:6, 8, 15). En otras palabras tenía que estar bien hecho, los artistas tenían que saber lo que hacían.

Hemos visto, como de camino a la tierra prometida, Dios pone en manos de Moisés otra gran tarea. Pero de la misma manera que Dios llamó y preparó a Moisés para libertar al pueblo de la esclavitud de Egipto, Dios había preparado quien asumiría la responsabilidad de la construcción del Tabernáculo y quienes serían sus ayudantes.

TERCERA PARTE

A LOS SABIOS DE CORAZÓN

CAPITULO 3

Llamado por su nombre

Mira, yo he llamado por su nombre a Bezaleel
hijo de Uri, hijo de Hur, de la tribu de Judá;
(Éxodo 31:1)

BEZALEEL

Todo plan de Dios es admirable y perfecto y El tiene en
consideración todos los aspectos del trabajo a realizarse.
Dios indicó a Moisés que había que recoger una ofrenda
pro-Tabernáculo y le dio el diseño del mismo, pero ¿quién o
quiénes realizarían la obra? Ya sabemos que el Tabernáculo iba
mas allá de una simple casa de campaña o un grupo de piedras
puestas una sobre otra que las identificarían como un altar. Me
imagino, que tal vez por una fracción de segundo, Moisés se
vio cortando madera o derritiendo metales. Jehová Dios sabía
que Moisés estaba equipado para enfrentarse a Faraón, (Salmo
119:73a) y estaba preparado para gobernar a Israel, pero no
para construir un tabernáculo con sus muebles y accesorios.

Consciente de que Dios es nuestro creador, el Rey David
nos dice "Tus manos me hicieron y me formaron," (Salmo
119:73a) y aún continúa diciendo con más detalles:

Porque tú poseiste mis riñones; Cubrísteme en el vientre
de mi madre. Te alabaré; porque formidables, maravil-
losas son tus obras: Estoy maravillado, Y mi alma lo
conoce mucho. No fué encubierto de ti mi cuerpo,

Bien que en oculto fuí formado, Y compaginado en lo más bajo de la tierra. Mi embrión vieron tus ojos, Y en tu libro estaban escritas todas aquellas cosas Que fueron luego formadas, Sin faltar una de ellas. (Salmos 139:13-16)

Y Dios es el que nos capacita desde antes de nacer. Ejemplo de ello, es el testimonio que nos narra el profeta Jeremías sobre su llamado "Fué pues palabra de Jehová á mí, diciendo: Antes que te formase en el vientre te conocí, y antes que salieses de la matriz te santifiqué, te dí por profeta á las gentes," (Jeremías 1:4-5).

Como Dios nos hizo "y no nosotros a nosotros mismos," (Salmo 100:3), El sabe exactamente a quién llamar y para qué tarea en específico. Cuando se necesitó a alguien para libertar al pueblo de Israel de Egipto, Jehová llamó a Moisés. Y cuando éste puso excusas "¡Ay, Señor! yo no soy hombre de palabras de ayer ni de anteayer, ni aun desde que tú hablas á tu siervo; porque soy tardo en el habla y torpe de lengua," (Éxodo 4:10), Jehová le contesta "¿No conozco yo á tu hermano Aarón, Levita, y que él hablará? ...Tú hablarás á él, y pondrás en su boca las palabras, y yo seré en tu boca y en la suya, y os enseñaré lo que hayáis de hacer. Y él hablará por ti al pueblo; y él te será á ti en lugar de boca," (Éxodo 4:14-16).

Lo que nos muestra que aun cuando pensamos que no tenemos lo que se requiere para realizar la tarea, Dios ya ha pensado la solución a lo que creemos que es obstáculo para llevar a cabo el mandato divino. Dios quería que los hijos de Israel construyeran un santuario para El, se necesitaba a alguien especial para ese trabajo, y una vez más vemos como Dios ya tiene la persona preparada "Y habló Jehová a Moisés diciendo: Mira, yo he llamado por nombre a Bezaleel...," (Éxodo 31:1-2). Si analizamos detenidamente la oración, la acción del verbo sucedió en el pasado, pero guarda relación con el presente "yo he llamado." Para este momento, para este trabajo que hay que realizar ahora "yo he llamado por su nombre a Bezaleel." Ya la persona había sido llamada, nombrada, separada por Dios. En otras palabras, Jehová le dice "Mira Moisés, no te preocupes y toma en cuenta, que yo he escogido, yo he elegido específicamente a Bezaleel."

Al igual que ha Moisés, Dios confiere a Bezaleel un honor muy particular. Le llama por su propio nombre. Y le llama para hacer una labor trascendental. Nos dicen las Escrituras que Jehová hablaba con Moisés cara a cara y que en más de una ocasión le dijo "y te he conocido por tu nombre" (Éxodo 33:17). En este verso, la palabra hebrea para conocido es *yada*[1], y básicamente significa conocer por experiencia, mediante la observación directa, observación de primera mano. Nadie le había contado a Jehová sobre Moisés, El lo conocía íntimamente, le conocía por la información que tenía de primera mano, obtenida por observación directa.

Si vamos al Nuevo Testamento, Jesús tenía un conocimiento directo de cada uno de sus discípulos, por ejemplo, cuando llama a Pedro le dice "Tú eres Simón, hijo de Jonás: tú serás llamado Cephas (que quiere decir, Piedra)," (Juan 1:42). Y cuando Jesús ve venir a Natanael le dice "He aquí un verdadero Israelita, en el cual no hay engaño. Dícele Natanael: ¿De dónde me conoces? Respondió Jesús, y díjole: Antes que Felipe te llamara, cuando estabas debajo de la higuera te vi," (Juan 1:47-48). Y si estudiamos el llamado del Apóstol Pablo, el cual ocurre luego de la resurrección y ascensión de Jesús al cielo, encontramos que aún cuando en éste perseguía la iglesia y mataba a los escogidos de Dios, es llamado por su nombre:

Y SAULO, respirando aún amenazas y muerte contra los discípulos del Señor, vino al príncipe de los sacerdotes, Y demandó de él letras para Damasco á las sinagogas, para que si hallase algunos hombres ó mujeres de esta secta, los trajese presos á Jerusalem. Y yendo por el camino, aconteció que llegando cerca de Damasco, súbitamente le cercó un resplandor de luz del cielo; Y cayendo en tierra, oyó una voz que le decía: Saulo, Saulo, ¿por qué me persigues? Y él dijo: ¿Quién eres, Señor? Y él dijo: Yo soy Jesús á quien tú persigues: dura cosa te es dar coses contra el aguijón. (Los Hechos 9: 1-5)

Y al igual que los demás escogidos o separados para una misión, siempre hay un propósito en el mismo. Por ejemplo, cuando Jesús le habla a Ananías por visión y le envía a orar por Saulo, ante el temor lógico de Ananías Jesús le dice "Ve: porque instrumento escogido me es éste, para que lleve mi nombre en presencia de los Gentiles, y de reyes, y de los hijos de Israel," (Los Hechos 9: 15).

Una de las cosas que me parece peculiar en el llamado de Bezaleel, es que la Biblia nos indica que Dios es quien le habla a Moisés sobre el llamado de Bezaleel. Usualmente, nos dice la Palabra "Y dijo Dios a Noé: El fin de toda carne ha venido, . . . Hazte un arca de madera," (Génesis 6:13); "Empero Jehová había dicho a Abram: Vete de tu tierra y de tu parentela," (Génesis 12:1); a Isaac le dice "Yo soy el Dios de Abraham tu padre," (Génesis 26:24); a Jacob "Y dijo Dios a Jacob: Levántate, sube a Bethel," (Génesis 35:1); y cuando llamó a Moisés nos dice la Biblia que "llamólo Dios de en medio de una zarza y dijo: ¡Moisés, Moisés!," (Éxodo 3:4). Sin embargo, es la primera vez que encuentro en la Biblia, que Dios le dice a una persona, en este caso a Moisés "Mira, yo he llamado por nombre a Bezaleel." Lo que había visto anteriormente es que Dios llamaba o se revelaba directamente a la persona. Esto me puso a pensar inmediatamente en un código de honor o protocolo espiritual.

Dios estableció un orden o protocolo con relación al llamado de Bezaleel. De acuerdo al Diccionario de la Lengua Española, protocolo es el "conjunto de reglas y ceremoniales que deben seguirse en ciertos actos o con ciertas personalidades.[2]" Lo cual a su vez me hizo recordar sobre la Ley de Sujeción y la Ley de Autoridad Delegada. En la Ley de Sujeción se le debe lealtad al líder o autoridad bajo la cual uno se encuentra. En este caso, Bezaleel le debe lealtad y obediencia a Moisés, de la misma manera que Moisés está sujeto a Jehová. Y en la

Ley de Autoridad Delegada, Dios autoriza a Bezaleel mediante el llamado para ser el artista y constructor del Tabernáculo, entendiendo que Dios mismo era el Principal Arquitecto y Moisés sería el Superintendente.

Y continua Dios hablándole a Moisés y le especifica no sólo el nombre sino también su parentesco "hijo de Uri, hijo de Hur, de la tribu de Judá," (Éxodo 31:2). No sólo le llama por su nombre, sino que identifica a su padre, a su abuelo y a la tribu a la cual pertenecía. Al leer los versos por primera vez, pensé que Dios había sido específico al nombrar no sólo a Bezaleel por su nombre, sino también su padre y abuelo para que no quedara duda de quien era la persona seleccionada, pero al descubrir quienes eran sus antepasados me doy cuenta que no importa el tiempo, Dios honra a los que le honran (1Samuel 2:30). Todo es importante en la Biblia, nada es material de relleno y si el nombre aparece es con un propósito. Veamos.

La historia de Bezaleel[3] es muy interesante, su nombre significa "en o bajo la sombra de Dios," que significa "bajo la protección especial del Altísimo." Bezaleel, como el artista a cargo del Tabernáculo iba a estar bajo la sombra y protección de Dios. Su padre se llamó Uri[4], que quiere decir "luz." Y su abuelo Hur[5]. Hur quiere decir "noble, esplendor, blanco." Hur, el padre de Bezaleel, estuvo junto con Moisés y Aarón cuando Josué salió a pelear contra Amalec "E hizo Josué como le dijo Moisés, peleando contra Amalec; y Moisés y Aarón y Hur subieron a la cumbre del collado. Y sucedía que cuando alzaba Moisés su mano, Israel prevalecía; mas cuando él bajaba su mano, prevalecía Amalec," (Éxodo 17:10-11).

Hur, ciertamente fue un hombre noble, quien además de acompañar a Moisés y Aarón, sostuvo junto con Aarón los brazos cansados de Moisés "Y las manos de Moisés estaban pesadas; por lo que tomaron una piedra, y pusiéronla debajo de él, y se sentó sobre ella; y Aarón y Hur sustentaban sus manos, el uno de una parte y el otro de otra; así hubo en sus manos firmeza hasta que se puso el sol," (Éxodo 17:12). Y cuando Jehová le pide a Moisés que suba al monte para recibir las tablas de piedra, y la ley, Moisés le dijo a los ancianos "Esperadnos aquí hasta que volvamos a vosotros; y he aquí Aarón y Hur están con vosotros; el que tuviere asuntos, acuda a ellos," (Éxodo 24:14). Nuevamente vemos a Hur, asumiendo junto con Aarón una posición de liderazgo y de servicio a la misma vez.

Su bisabuelo fue Caleb "Muerta Azuba, tomó Caleb por mujer a Efrata, la cual dio a luz a Hur. Y Hur engendró a Uri, y Uri engendró a Bezaleel," (1Crónicas 2:19-20). Y Caleb, junto a Josué, fue parte de los doce espías que entraron a Canaán, sin embargo, el testimonio de Caleb y Josué fue diferente al de los otros diez espías "Entonces Caleb hizo callar el pueblo delante de Moisés, y dijo: Subamos luego, y poseámosla; que más podremos que ella," (Números 13:30). Bezaleel pertenecía a la tribu de Judá, quien era el líder en el campamento de Israel.

Y Flavio Josefo, historiador judío que era contemporáneo con los apóstoles escribe en su libro *Antigüedades Judías*[6] que María la hermana de Moisés estaba casada con Hur, siendo de esta manera bisabuela de Bezaleel y Moisés pasaría a ser algo así como un tío bisabuelo, pero sobre este último dato no tenemos evidencia bíblica. Siguiendo un poco con la tradición hebrea, se dice que Bezaleel fue llamado por Dios cuando tenía trece años, lo cual entendemos es muy poco probable. Nuevamente, no tenemos evidencia bíblica de ello.

Bezaleel había sido llamado para estar a cargo de la construcción del Tabernáculo y se ocuparía directamente de los trabajos en metal, madera, y piedra "Para inventar diseños, para trabajar en oro, en plata y en bronce, Y en artificio de piedras para engastarlas, y en artificio de madera; para trabajar en toda clase de labor," (Éxodo 31:4-5). Bezaleel sería el Asistente Arquitecto, Artista y Constructor de la construcción del Tabernáculo, para crear diseños, trabajar metales, como lo es el oro y la plata, piedras preciosas y maderas. Si analizamos las habilidades y conocimientos necesarios para llevar a cabo la construcción del Tabernáculo, encontramos que sobresale las habilidades y talentos artísticos. Bezaleel era un artista. ¿Cómo? ¿Qué Dios se atrevió llamar a un artista para llevar a cabo la construcción del Tabernáculo, Su Santuario? ¿Del lugar donde el dijo que estaría Su Presencia?

Al estudiar el diseño y confección del Tabernáculo, muebles, accesorios y vestimentas nos damos cuenta que requería de diversidad de habilidades y destrezas artísticas. Por ejemplo, inventar diseños es una actividad creativa. Para trabajar en oro, plata y bronce se requiere, entre otras cosas, además de las habilidades técnicas como las de fundidor, las habilidades de escultor, artesano o joyero. El trabajo con piedras preciosas para engastarlas o montarlas en otro material, requería habilidades de platería. Por ejemplo: Las dos piedras de ónice en la vestidura de los sacerdotes serían engastadas en filigrana de oro. Y para trabajar la madera de acacia y hacer los muebles del Tabernáculo tendría que ser un excelente ebanista.

AHOLIAB

La construcción del Tabernáculo, como ya hemos visto, no sería tarea fácil. Aholiab[7], sería el principal asistente de Bezaleel "Y he aquí que yo he puesto con el a Aholiab hijo de Ahisamac, de la tribu de Dan," (Éxodo 31: 6ª). Su nombre significa "tabernáculo o carpa de mi padre." El nombre de Ahisamac[8], su padre, significa "hermano de ayuda, apoyo." Aholiab era de la tribu de Dan, la última tribu en el campamento. Aholiab era experto en textiles entre otras cosas "artífice, diseñador y recamador en azul, púrpura, carmesí y lino fino," (Éxodo 38:23). O sea, el asistente de Bezaleel sería otro artista. Este complementaría las habilidades y talentos de Bezaleel, pues vemos que es experto en textiles o telas y recamador (persona que borda de realce). En otras palabras, Aholiab era todo un artista en el área de tallar, tejer y bordar.

TRABAJO A REALIZAR

Hemos visto como desde Éxodo 25:10 hasta Éxodo 30:38 hay una descripción detallada del Tabernáculo, sus muebles, accesorios y vestimentas de los sacerdotes. Nuevamente, luego que Dios le comunica a Moisés que Bezaleel, Aholiab y otros "sabios de corazón" habían sido llamados para la construcción del mismo, esta vez, aparece nuevamente de manera breve y específica, una lista de "tareas a llevar a cabo" con relación a la construcción del Tabernáculo. Entiendo que el Espíritu inspira al escritor del Éxodo a poner énfasis en la importancia de las tareas a realizar:

- El Tabernáculo del Testimonio
- El Arca del Testimonio
- La cubierta que está sobre el Arca del Testimonio
- Todos los vasos del Tabernáculo
- La mesa y sus vasos
- El candelero y todos sus vasos,
- El altar del perfume
- El altar del holocausto y todos sus vasos
- La fuente y su basa
- Los vestidos del servicio, y las santas vestiduras para Aarón el sacerdote, y las vestiduras de sus hijos
- El aceite de la unción, y el perfume aromático para el santuario, (Éxodo 31:7-11a).

Y vuelve y le dice, y lo "harán conforme á todo lo que te he mandado," (Éxodo 31:11b).

A LOS SABIOS DE CORAZÓN

El llamado no era solo para Bezaleel y Aholiab. Jehová Dios sabe que la empresa es grande y complicada y es para ser llevada a cabo en medio del desierto. Además, entiendo que cuando Dios nos llama y nos da una misión, pone al lado nuestro personas que nos van a ayudar a realizar el proyecto. Nos dice la

Biblia que además de Bezaleel y Aholiab, Dios le dice a Moisés "y he puesto sabiduría en el ánimo de todo sabio de corazón, para que hagan todo lo que te he mandado," (Éxodo 31:6). Nos llama la atención las veces que se repite la frase "sabios de corazón." El que la frase se repita nos indica su importancia. Comenzando con Éxodo 28 a Éxodo 36, la frase "a los sabios de corazon," se repite seis veces. Y se traduce en varias versiones de la Biblia, como por ejemplo, "los **más** diestros artifices," (Biblia Peshitta, 2006) o "todos los que son hábiles," (La Nueva Biblia de los Hispanos, 2005). En términos generales, se habla de "los sabios de corazón" como hábiles y diestros artífices, hombres y mujeres de talento, artesanos competentes, personas que tienen aptitudes o cualidades artísticas, expertos, con habilidades especiales, personas que poseen grandes capacidades artísticas, tienen un espíritu artístico y han sido llenos de sabiduría. Y a los artistas que estaban en medio de la congregación de Israel, a "esos sabios de corazón" Dios les invitó a colaborar en la construccion del Tabernaculo "Y todo sabio de corazón de entre vosotros, vendrá y hará todas las cosas que Jehová a mandado," (Exodo 35:10).

Y si pensabas que las mujeres no habían sido señaladas "como sabias de corazón," la Biblia nos dice, que al igual que los hombres son llamadas e identificadas de igual manera "Además todas las mujeres sabias de corazón hilaban de sus manos, y traían lo que habían hilado: cárdeno, ó púrpura, ó carmesí, ó lino fino," (Exodo 35:25). Y Éxodo 35:26 nos dice "Y todas las mujeres cuyo corazón las levantó en sabiduría, hilaron pelos de cabras." Hermoso, Dios siempre ha contado con nosotras.

MOISÉS HABLA AL PUEBLO DE ISRAEL

Me parece interesante el orden bíblico y protocolo espiritual que se establece, Dios habla a Moisés. Moisés es el líder del pueblo. Una vez que Moisés tiene en detalle el trabajo a realizar, recordemos que Dios le había mostrado el diseño del

Tabernáculo, Dios le dice quien va a supervisar y hacer la labor (Bezaleel) y quien sería su mano derecha (Aholiab) y quienes su equipo de ayuda (todo sabio de corazón). Ahora, Moisés le habla al pueblo. Este convoca a "toda la congregación de los hijos de Israel," (Éxodo 35:1) para comunicarles las cosas que Jehová había mandado, guardar el día de reposo, (Éxodo 35:2-3) la ofrenda voluntaria, el anuncio de la construcción del tabernáculo (Éxodo 35:10-29) y termina su presentación diciéndole al pueblo que Dios había llamado a Bezaleel y a Aholiab y a los había capacitado para el trabajo "Y dijo Moisés á los hijos de Israel: Mirad, Jehová ha nombrado á Bezaleel hijo de Uri, hijo de Hur, de la tribu de Judá; . . . , para proyectar inventos, para trabajar en oro, y en plata, y en metal, Y en obra de pedrería para engastar, y en obra de madera, para trabajar en toda invención ingeniosa," (Éxodo 35: 30, 32-33).

Moisés por lo tanto concluye que Bezaleel, Aholiab y toda mujer y hombre sabios de corazón, y enfatiza "a quien Jehová dio sabiduría e inteligencia para saber hacer toda la obra del servicio del santuario," (Exodo 31:1), esos serían los que harían la obra. Me llama la atención el que dice "a quien Jehová dio sabiduría e inteligencia para saber hacer toda la obra del servicio del santuario." ¿Qué pasaría con aquellos llenos de buenas intenciones, pero que no estaban capacitados con sabiduría e inteligencia para saber hacer la obra? Entiendo que no participarían del trabajo. Podrían traer ofrendas "Y vino todo varón á quien su corazón estimuló, y todo aquel á quien su espíritu le dió voluntad, y trajeron ofrenda á Jehová para la obra del tabernáculo del testimonio, y para toda su fábrica, y para las sagradas vestiduras," (Éxodo 35:21), pero para éste trabajo se necesitba estar capacitado para el mismo.

Una vez que el pueblo es notificado de la decisión de Jehová Dios, Moisés procede a llamar a Bezaleel, Aholiab y a todo hombre sabio de corazón para comenzar la labor. Y vemos nuevamente el énfasis "en cuyo corazón había puesto Jehová sabiduría" o sea, hombres que habían sido dotados de las destrezas necesarias, pero añade algo más "todo hombre a quien su corazón le movió a venir a la obra para trabajar en ella," (Exodo 36:2). En otras palabras, personas que se propusieron, que aspiraron, que determinaron en sus corazones trabajar en la obra. Puede que hubiese alguien capacitado por Dios para el trabajo, pero el factor iniciativa, deseo de participar o determinación de hacer el trabajo estaba ausente. Moisés llamó a todos aquellos capacitados por Jehová y que a su vez estaban dispuestos a trabajar en la obra. Extraordinaria combinación: capacitación divina y disposición del corazón.

NOTAS:

[1] Blue Letter Bible. "Dictionary and Word Search for *yada`* *(Strong's 3045)*". Blue Letter Bible. 1996-2012. 11 Dec 2012. < http:// www.blueletterbible.org/lang/lexicon/ lexicon.cfm? Strongs=H3045&t=KJV >

[2] Diccionario de la lengua española,© 2005 Espasa-Calpe, <http://www.wordreference.com/definicion/protocolo>.

[3] Blue Letter Bible. "Dictionary and Word Search for *Bĕtsal'el (Strong's 1212)*". Blue Letter Bible. 1996-2012. 11 Dec 2012. < http:// www.blueletterbible.org/lang/ lexicon/lexicon.cfm? Strongs=H1212&t=KJV >

[4] Blue Letter Bible. "Dictionary and Word Search for *'Uwriy (Strong's 221)*". Blue Letter Bible. 1996-2012. 11 Dec 2012. < http:// www.blueletterbible.org/lang/ lexicon/lexicon.cfm? Strongs=H221&t=KJV >

[5] Blue Letter Bible. "Dictionary and Word Search for *Chuwr (Strong's 2354)*". Blue Letter Bible. 1996-2012. 11 Dec 2012. < http:// www.blueletterbible.org/lang/lexicon/ lexicon.cfm? Strongs=H2354&t=KJV >

[6] Flavio Josefo, Antiquities of the Jews, Book III, Chapter 6, <http://www.sacred-texts.com/jud/josephus/ant-3.htm>.

[7] Blue Letter Bible. "Dictionary and Word Search for *'Oholiy'ab (Strong's 171)*". Blue Letter Bible. 1996-2012. 11 Dec 2012. < http:// www.blueletterbible.org/lang/ lexicon/lexicon.cfm? Strongs=H171&t=KJV >

[8] Blue Letter Bible. "Dictionary and Word Search for *'Achiycamak (Strong's 294)*". Blue Letter Bible. 1996-2012. 11 Dec 2012. < http:// www.blueletterbible.org/ lang/lexicon/lexicon.cfm? Strongs=H294&t=KJV >

CAPITULO 4

El Espíritu de Dios

y lo he henchido de espíritu de Dios,
(Éxodo 31:3)

PREPARACION DIVINA

Con relación a Bezaleel, hay unos versículos que hasta este momento no hemos analizado y que junto con Éxodo 31: 2 son la piedra angular de su llamado. Y me refiero a Éxodo 31:3 "y lo he henchido de espíritu de Dios, en sabiduría, y en inteligencia, en ciencia y en todo artificio." Y Éxodo 35: 34a "Y ha puesto en su corazón el que pueda enseñar." Estos dos versos nos hablan de la preparación de Bezaleel para poder realizar el trabajo.

Veamos el verso en el contexto de los que ya hemos estudiado. Cuando Dios le habla a Moisés en el Monte Sinaí le dice:

> Mira, yo he llamado por su nombre a Bezaleel, hijo de Uri, hijo de Hur, de la tribu de Judá; **y lo he henchido de espíritu de Dios, en sabiduría, y en inteligencia, en ciencia, y en todo artifio**, para inventar diseños, para trabajar en oro, en plata y en metal, y en artificio de piedras para engastarlas, y en artificio de madera; para obrar en toda suerte de labor. (el énfasis es nuestro, Éxodo 31:1-5)

Y mientras Moisés hablaba con el pueblo para notificar lo que Jehová Dios le ha dicho, les dice también "Y ha puesto en su corazón el que pueda enseñar," (Éxodo 35:34a).

Dios le dice a Moisés que Bezaleel ha sido llamado, que ha sido separado para la construcción del Tabernáculo, e inmediatamente le indica, que éste ya ha sido también llenado por el Espíritu de Dios para poder lograr la meta. Adicional a la llenura del Espíritu de Dios, Jehová otorga a Bezaleel otros dones, los cuales son: sabiduría, inteligencia, ciencia, arte y el que pueda enseñar, que junto con el Espíritu de Dios, son seis dones en total.

El que se mencione el nombre de Bezaleel y se enfatice su llamado y se especifiquen los dones recibidos, comenzando por la llenura del Espíritu de Dios y luego lo mismo sea repetido a la congragación de Israel punto por punto es para mi uno de los momentos especiales del llamado de Bezaleel. Entiendo que estos versículos poseen la llave espiritual que pueden abrir para nosotros los artistas del siglo 21 un tesoro, que de ser utilizado, cambiaría totalmente las artes, tanto cristianas como seculares. Para mi, estos versos establecen el fundamento bíblico de las artes. Es por eso que he decidido dedicar los próximos capítulos a explorar la capacitación de Dios a Bezaleel.

Y sólo por curiosidad me di a la tarea de buscar el significado de la palabra 'henchido' en hebreo y encontré que ésta es *malé*[1]. *Malé* es un verbo y significa "llenar, plenitud, completar, llenar la mano y consagrar." O sea, Dios le da la plenitud de su Espíritu a Bezaleel. Aquí estamos hablando de abundancia, de totalidad. Me parece maravilloso que también signifique "llenar las manos" lo cual inmediatamente asocié con unción. Por ejemplo, en Marcos 16:18 Jesús dice "sobre los enfermos pondrán las manos y sanarán." Las manos representan la habilidad que tiene una persona para hacer su trabajo o resolver un problema. También representan responsabilidad. Y para el artista, especialmente un arquitecto o artista visual, son su principal instrumento de trabajo. El verbo *malé* nos habla también de consagración. Por ejemplo, cuando Jehová da las instrucciones sobre las vestiduras sacerdotales a Moisés, le dice "Y con ellos vestirás á Aarón tu hermano, y á sus hijos con él: y los ungirás, y los consagrarás (*malé*), y santificarás, para que sean mis sacerdotes," (Exodo 28:41). Al Bezaleel ser llenado del Espíritu, Dios le dedica, le santifica, le aparta para el trabajo a realizar. Sus manos han sido llenas con los dones necesarios para el trabajo, ungidas para la tarea y la responsabilidad del proyecto es investida, conferida a Bezaleel. Que manera más hermosa de comenzar la construcción del Tabernáculo y de aceptar el llamado de "Y hacerme han un santuario, y yo habitaré entre ellos," (Éxodo 25:8).

EL ESPÍRITU DE DIOS

Recordemos, que lo primero que Dios dice sobre Bezaleel a Moisés una vez que le identifica es que éste ha sido lleno del Espíritu de Dios. Y luego, Moisés convoca al pueblo y le repite las mismas palabras que Dios le dijo a él.

Bezaleel es la primera persona en las escrituras donde Dios mismo da testimonio de que ha sido lleno del Espíritu. Esta es una de las primeras menciones en la Biblia sobre el Espíritu de Dios y la primera donde se indica que Dios ha llenado a una persona con Su Espíritu para llevar a cabo una labor específica. Si hacemos referencia a lo que se conoce en hermenéutica bíblica como la Ley de la Primera Mención, tenemos que reconocer que estas palabras de Dios a Moisés son de un gran significado y establecen un importante precedente.

Primero, el saber que la primera persona de la cual Dios da testimonio y dice que ha sido lleno del Espíritu de Dios es un artista, es sumamente excitante para mi. Se despierta toda tu esencia creativa, entras en estado de alerta y tu espíritu se pone en pie "¡Esto es para mi!" Pero aun sigo preguntándome, ¿Cómo es que nadie me había dicho que Bezaleel era artista? ¿Cómo es que nadie me había dicho qué Dios mismo le dice a Moisés, a Moisés, profeta, sacerdote, líder, libertador del pueblo con quien tuvo una reunión de 40 días y 40 noches para darle los 10 mandamientos y todas las demás leyes "Mira yo he llamado por su nombre á Bezaleel. . . y lo he henchido de espíritu de Dios"? Que maravilla. Vuelvo y enfatizo, cuando Dios menciona algo por primera vez en la Palabra hay que ponerle doble atención. Y vuelvo y me pregunto, ¿Qué quiso decirme Dios a mi como artista?

A través de las Sagradas Escrituras vemos como el ser llenos del Espíritu de Dios se convierte en requisito principal para el llamado de Dios. Y si tomamos en consideración que esta primera declaración se le dice a un artista, para mi, como artista, la trascendencia es mayor. Primero, Dios le habla a Moisés y le dice "Y lo he henchido de **espíritu de Dios**. . ." (el énfasis es nuestro, Éxodo 31:3a) y luego Moisés repite las palabras de Dios al pueblo cuando convoca a "toda la congregación de los hijos de Israel," (Éxodo 35:1) y les dice "Mirad, Jehová ha nombrado a Bezaleel. . . , y lo ha henchido de **espíritu de Dios**. . . ," (el énfasis es nuestro, Éxodo 35:30, 31a).

Es de conocimiento general que en el Antiguo Testamento, el Espíritu de Dios estaba limitado al profeta, sacerdote y rey. Sin embargo, la primera mención que hace Dios sobre la llenura del Espíritu y su importancia en la capacitación para el trabajo a realizar la hace al llamar y separar al artista Bezaleel para hacer el trabajo del Tabernáculo y Bezaleel no era ni profeta, ni sacerdote, ni rey. *Ruwach*[2] es la palabra hebrea para espíritu, para aliento y *Elohiym*[3] es el Dios Supremo, así que Dios llenó a Bezaleel de Su propio aliento, del Espíritu del Todopoderoso.

Otro punto importante para mi, es el contexto en el cual pasa todo el proceso del llamamiento. Las circunstancias en las que Dios le revela a Moisés quien haría el Tabernáculo son las mismas en que le esta dando la ley, y la descripción del Tabernáculo. Así, que si los detalles anteriores eran importantes, este también sería importante. Dios no está hablando de algo tan trascendental como la ley, el día de reposo, el Tabernáculo, para luego hablar de algo insignificante. La persona que haría el Tabernáculo, lo mismo que sus asistentes, eran sumamente importantes para Jehová Dios. Tan es así, que conocemos sus nombres y los nombres de los padres, familiares y tribus a las cuales pertenecían y todos, como hemos visto anteriormente, tienen nombres significativos. Así, que yo como artista tengo que entender que tengo un valor especial ante Dios y que el primer regalo que me da es Su Espíritu.

A veces me pregunto el por qué Dios le dice a Moisés que Bezaleel ha sido lleno del Espíritu de Dios y luego Moisés, junto con todas las otras instrucciones que le dio Dios para comunicar al pueblo, anuncia el llamado de Bezaleel. Y me imagino la sorpresa de algunos al entender que Dios haya llamado a un artista y lo primero que haya hecho es llenarlo de su Espíritu. ¿Será para que no quedara duda en aquel pueblo de que el trabajo a realizar era sagrado? Estoy segura que aquel pueblo había visto expresiones artísticas en Egipto. Y es con toda seguridad que las habían visto en el contexto de la idolatría. Ante la eminente construcción de un santuario a Jehová, éste establece una distinción sobre los requisitos y capacidades que tendrían los que recibieron la encomienda de construir el Tabernáculo. Tal vez era necesario, para que no quedara duda en el pueblo de hoy en día, que Dios también llama a artistas y les llena de Su Espíritu para construir la iglesia del siglo 21. El nombre de Bezalel y su ayudante Aholiab han sido preservados hasta el día de hoy como ejemplo de lo que Dios puede hacer cuando como artistas respondemos al llamado de Dios. Moisés, como líder recibe la confirmación del llamado de Bezaleel y éste la comunica al pueblo. Dios les ha separado para la labor, de esta manera no hay espacio para dudas, celos o 'quítate tú pa' ponerme yo.' El dedo de Dios les marcó para la obra y Su Espíritu les preparó.

Es la primera vez que se diseña y construye un santuario para el servicio y adoración a Dios. El mismo contaría con elementos artísticos, pero sobre todo, la estructura en sí del Tabernáculo con sus diferentes áreas de servicio y adoración, cada mueble y adorno eran sombra de Aquel que habría de venir. Hoy en día, al estudiar el Tabernáculo, vemos que es tipificación de Cristo y su obra redentora y ese mensaje tenía que llegar a nosotros sin alteraciones o modificaciones. Un Tabernáculo que había sido diseñado en la mente de Dios, necesitaba de artistas obedientes y sobre todo, llenos del Espíritu de Dios para poder reconocer y obedecer las instrucciones. Dios se comunica a nuestro espíritu a través de Su Espíritu "Empero Dios nos lo reveló á nosotros por el Espíritu: porque el Espíritu todo lo escudriña, aun lo profundo de Dios, " (1Corintios 2:10). Así que era necesario que el Espíritu se moviera sobre Bezaleel. Entiendo, que no importa cuan brillante o talentoso hubiese sido Bezaleel y los que colaboraron junto con él en la construcción del Tabernáculo, no hay manera de que ellos por si solos hubiesen llegado a la realización de tal diseño y sus implicaciones. Para ello se requería de una mente divina como la de Dios y un instrumento sujeto a la obediencia como Bezaleel.

Y nuevamente vuelvo a hacer énfasis en el orden y protocolo espiritual al cual como artistas debemos estar sujetos. Bezaleel estaba identificado por su familia y tribu, podríamos decir algo así, como miembro activo de una congregación y cuando llega el momento del llamado Dios le habla y confirma el mismo a través de su líder espiritual. Moisés entonces confirma el mismo al pueblo. Estoy casi segura que mucho antes de esta declaración de Dios a Moisés, Dios estaba preparando a Bezaleel, pero en el momento de hacerlo público, Dios lo confirma a través de Moisés, su líder espiritual.

Sería maravilloso para muchos de nosotros, que en el momento de nuestro inicio oficial al ministerio en las artes, el mismo sea en el círculo interno de la Iglesia, y que fuese nuestro pastor y líder espiritual el que diese testimonio ante la congregación de nuestro llamamiento y separación para el ministerio artístico. En vez de sentirnos preocupados y desorientados ante la falta de conocimiento del arte como un regalo de Dios por mucho de nuestros líderes. Cuantos jóvenes y adultos, y menciono adultos, porque las artes no son sólo para niños y jóvenes, se sienten frustrados, desorientados, porque no pueden desarrollar sus dones artísticos de una manera saludable y exitosa.

EL ESPÍRITU DE DIOS Y LA CREATIVIDAD

Explorando sobre el Espíritu de Dios veo que en Génesis 1:2 nos dice "Y la tierra estaba desordenada y vacía, y las tinieblas estaban sobre la haz del abismo, y el Espíritu de Dios se movía sobre la haz de las aguas." ¿Por qué el Espíritu de Dios se movía sobre la haz de las aguas? Buscando clarificación o luz para este verso me fui a la Biblia Peshitta, que es la traducción de la Palabra de Dios desde el arameo, uno de los manuscritos más antiguos de la Biblia. En ella encontré en Génesis 1:2 lo siguiente "Y la tierra era caos y vacuidad, y había tinieblas sobre la superficie del abismo profundo. Y el Espíritu de Dios **incubaba** sobre la superficie de las aguas (el énfasis es nuestro).[4]"

La palabra "incubaba" en vez de "se movía" me dio un panorama mucho más amplio sobre el Espíritu de Dios en el proceso creativo. El incubar es crear las condiciones necesarias para que se desarrolle la vida. Las aves suelen colocarse sobre sus huevos para incubarlos. Estas mantienen una temperatura de calor constante para que el embrión en el huevo se desarrolle. Incubar nos habla de establecer las condiciones necesarias para la creación de la vida. El Espíritu de Dios estaba creando las condiciones necesarias para que la materia que había sido o que estaba siendo creada *ex-nihilo* (hecha de la nada), respondiera a la voz de Dios y tomara forma. He inmediatamente nos dice la Biblia "Y dijo Dios: Sea la luz: y fue la luz," (Gen 1:3).

Nuevamente, la palabra en hebreos para espíritu en este verso es *rûwach*, que es también descrita como aliento-viento-espíritu de Dios. Así que el aliento-viento-espíritu de Dios se movía, incubaba sobre las aguas como un águila revoloteando sobre sus polluelos. El águila revolotea sobre sus polluelos para cuidarlos y alimentarlos, nutrirlos. Así que vemos al Espíritu de Dios formando una parte integral de la creatividad. El salmista nos confirma esta labor creativa del espiritu cuando nos dice "Envias tu Espíritu, y son creados, y renuevas la faz de la Tierra," (Salmo 104:30, Biblia Peshita).

De igual manera el Espiritu estaría sobre Bezaleel, incubando ideas, nutriendo su capacidad creativa para la tarea que tendría que hacer. El Tabernáculo debía ser construido de acuerdo al diseño divino, por personas a quienes el Espíritu Santo incubaba y nutría los dones y talentos puestos en ellos para que fueran desarrollados de forma positiva. El trabajo ha realizar fue descrito a Moisés por Dios y posiblemente muy poco espacio les fue dado para un cambio o variación creativa. Realmente Bezaleel necesitaba del Espíritu de Dios para enfrentar la tarea.

Al ser hechos a la imagen y semejanza de Dios, hay en nosotros una capacidad creativa, pero Dios crea de la nada y nosotros creamos con la materia que ya ha sido creada. Y es que Dios, como Padre Creador comparte su naturaleza creativa con el ser humano. Es por ello que no es de extrañarnos que el Espíritu de Dios esté sobre Bezaleel, Dios sabe que en Bezaleel están los elementos necesarios para ser incubados, nutridos, desarrollados.

EL ESPÍRITU DE DIOS Y LA EXCELENCIA

Además del Espíritu de Dios estar identificado con el proceso creativo, el mismo hace que sobresalgas por la excelencia de tu trabajo. Y esa excelencia e integridad con la cual haces el trabajo, permite que te distingas ante personas que no conocen a Dios. Esa fue la experiencia de José con Faraón "Y dijo Faraón á sus siervos: ¿Hemos de hallar otro hombre como éste, en quien haya espíritu de Dios?," (Génesis 41:38). Para Faraón, José pudo hacer el trabajo que otros no pudieron hacer y hacerlo bien hecho. A la vez que sobrepasó todas las expectativas, y eso, es excelencia. Esta es la primera vez que vemos que la Biblia nos dice que el Espíritu de Dios está en una persona. El testimonio no viene directo de Dios, como en el caso de Bezaleel, pero si de Faraón, lo cual es sumamente interesante ya que Faraón no conocía a Dios, pero José a través de la interpretación de los sueños de Faraón pudo manifestar el Espíritu de Dios y Faraón aunque no temía a Dios ni le servía pudo ver a Dios en José. Es interesante notar que José puso su talento al servicio del Faraón, al servicio de un trabajo secular, pero en el proceso honró a Dios y Dios fue glorificado. Esto comienza para mi a romper esquemas impuestos.

EL ESPÍRITU DE DIOS Y EL MINISTERIO DE JESÚS

Sabemos que el Espíritu de Dios es crucial en nuestro desarrollo y capacitación tanto es así que el mismo Jesús, necesitó del Espíritu para llevar a cabo su ministerio. Sabemos que Jesús es el Hijo de Dios, pero la Biblia nos dice que siendo Dios se hizo hombre y habitó entre nosotros, por tanto, como hombre necesitó del Espíritu de Dios.

En el Antiguo Testamento, el profeta Isaías nos habla de cómo Dios le capacitaría "Y SALDRA una vara del tronco de Isaí, y un vástago retoñará de sus raíces. Y reposará sobre Él el Espíritu de Jehová, " (Isaías 11:1,2a). El profeta anuncia su origen, su nacimiento y su capacitación. Aquí se hace referencia a como el Espíritu Santo reposaría sobre El. Jesús sería ungido para su ministerio, lo cual se cumple mientras es bautizado por Juan el Bautista "Y aconteció que, como todo el pueblo se bautizaba, también Jesús fué bautizado; y orando, el cielo se abrió, Y descendió el Espíritu Santo sobre él en forma corporal, como paloma, y fué hecha una voz del cielo que decía: Tú eres mi Hijo amado, en ti me he complacido," (Lucas 3:21-22).

Y el Apóstol Lucas, continúa describiendo como Jesús "lleno del Espíritu Santo, volvió del Jordán, y fué llevado por el Espíritu al desierto," (Lucas 4:1). Cuando Jesús fue llevado al desierto, luego de comenzar su ministerio iba lleno del Espíritu. ¿Cuántos de nosotros artistas nos lanzamos al ministerio sin tener idea de la unción y capacitación de Dios para los artistas?

Con razón, Jesús pudo resistir de una manera victoriosa al diablo "Y acabada toda tentación, el diablo se fué de él por un tiempo," (Lucas 4:13).

El testimonio del Apóstol Lucas continua enfatizando como el Espíritu jugó un papel esencial en el comienzo del ministerio de Jesús:

> Y fuéle dado el libro del profeta Isaías; y como abrió el libro, halló el lugar donde estaba escrito: El Espíritu del Señor es sobre mí, Por cuanto me ha ungido para dar buenas nuevas á los pobres: Me ha enviado para sanar á los quebrantados de corazón; Para pregonar á los cautivos libertad, Y á los ciegos vista; Para poner en libertad á los quebrantados: Para predicar el año agradable del Señor. Y rollando el libro, lo dió al ministro, y sentóse: y los ojos de todos en la sinagoga estaban fijos en él. Y comenzó á decirles: Hoy se ha cumplido esta Escritura en vuestros oídos. (Lucas 4:17-21)

Jesús comenzó su ministerio lleno del Espíritu. El Espíritu le transformó de un hombre común o natural, al hombre que todos se maravillaban de la forma en que se expresaba "Y todos le daban testimonio, y estaban maravillados de las palabras de gracia que salían de su boca, y decían: ¿No es éste el hijo de José?," (Lucas 4:22). Seguía siendo hombre, pero ya no un hombre natural, sino un hombre espiritual. El pueblo entendía que sus palabras no eran las mismas que hablaban otros o las mismas que tal vez él hablara antes de ser lleno del Espíritu de Dios. Y, aún más, todos se maravillaban por las cosas que hacía, había sido ungido por el Espíritu Santo "cómo le ungió Dios de Espíritu Santo y de potencia; el cual anduvo haciendo bienes, y sanando á todos los oprimidos del diablo; porque Dios era con él," (Hechos 10:38).

Y este privilegio de ser lleno del Espíritu Santo no seguiría siendo algo exclusivo para sacerdotes, profetas y reyes, sino que Jesús mismo nos dio la promesa del Espíritu Santo para todos nosotros "Y yo rogaré al Padre, y os dará otro Consolador, para que esté con vosotros para siempre: Al Espíritu de verdad, al cual el mundo no puede recibir, porque no le ve, ni le conoce: mas vosotros le conocéis; porque está con vosotros, y será en vosotros," (Juan 14:16-17).

Y luego de Su muerte y resurrección, Jesús mismo le dice a sus discípulos y seguidores que no se fueran de Jerusalén sino que esperaran la promesa del Padre "porque Juan á la verdad bautizó con agua, mas vosotros seréis bautizados con el Espíritu Santo no muchos días después de estos," (Hechos 1:5) e incluso les habla del porqué es importante el que recibieran la promesa "Mas recibiréis la virtud del Espíritu Santo que vendrá sobre vosotros; y me seréis testigos en Jerusalén, en toda Judea, y Samaria, y hasta lo último de la tierra," (Hechos 1:8). Y vemos como en el día de Pentecostés fueron todos llenos del Espíritu Santo.

Así que el ser llenos del Espíritu de Dios para llevar a cabo nuestro llamado está más a nuestro alcance hoy en día que lo que estaba en los días de Bezaleel. El Espíritu de Dios enriqueció las capacidades naturales que tenía Bezaleel y las transformó en extraordinarias. Esta es la primera lección que aprendemos y el primer regalo que recibimos hacia la implementación de la Teología del Arte en nuestro llamado artístico.

NOTAS:

[1]Blue Letter Bible. "Dictionary and Word Search for *male* (Strong's 4390)". Blue Letter Bible. 1996-2012. 11 Dec 2012. < http:// www.blueletterbible.org/lang/lexicon/ lexicon.cfm? Strongs=H4390&t=KJV >

[2] Blue Letter Bible. "Dictionary and Word Search for *ruwach (Strong's 7307)*". Blue Letter Bible. 1996-2012. 11 Dec 2012. < http:// www.blueletterbible.org/lang/ lexicon/lexicon.cfm? Strongs=H7307&t=KJV >

[3] Blue Letter Bible. "Dictionary and Word Search for *'elohiym (Strong's 430)*". Blue Letter Bible. 1996-2012. 11 Dec 2012. < http:// www.blueletterbible.org/lang/ lexicon/lexicon.cfm? Strongs=H430&t=KJV >

[4]Escritura tomada de la Biblia Peshita en Español, Traducción de los Antiguos Manuscritos Arameos. © 2006 por Instituto Cultural Álef y Tau, A.C. Usado con permiso. Todos los derechos reservados.

CAPITULO 5

Sabiduría

y lo he henchido de espíritu de Dios, en sabiduría
(Éxodo 31:3)

EN SABIDURÍA

He inmediatamente de haberle dicho Dios a Moisés que Bezaleel había sido llenado del Espíritu de Dios también le dice que le ha dado sabiduría, (Éxodo 31:3b) lo cual fue repetido al pueblo (Éxodo 35:3b).

La palabra *chokmah*[1] aparece por primera vez en Éxodo 28:3 en contexto con la actividad artística "Y tú hablarás á todos los sabios de corazón, á quienes yo he henchido de espíritu de sabiduría (*chokmah*); á fin que hagan los vestidos de Aarón, para consagrarle á que me sirva de sacerdote." Se le asocia en este verso con los conocimientos técnicos o habilidades especiales necesarias para hacer los vestidos. Y hemos visto que cuando Dios llama a Bezaleel dice que le ha dado sabiduría (*chokmah*), por lo tanto se consideraba que las habilidades especiales que el artista tenía eran dadas por Dios.

La palabra sabiduría nos viene del hebreo *chokmah*. Esta palabra se define como habilidad, sabiduría, astucia, prudencia. En el caso de Bazaleel, habilidad en el sentido artístico. La habilidad de hacer la decisión correcta, lo cual es un signo de madurez. Una persona con *chokmah* puede ser un artista hábil o un guerrero, dependiendo cual sea su vocación. Se entiende también por *chokmah* "ese pensamiento – ese primer destello de comprensión que recibimos cuando estamos en el proceso de aprender una asignatura o algún tema nuevo." Es una intuición o perspectiva de poder ver el plan en su totalidad, poder ver como todo se ajusta y poder tener la visión completa del proyecto.

En Isaías 11:2, el espíritu de sabiduría es uno de los siete espíritus que el profeta Isaías dice que reposará sobre el renuevo de Isaí, el Mesías prometido, Jesús de Nazaret. Para mi como directora de teatro/dramaturga/productora/educadora la palabra sabiduría es valiosa. Si Bezaleel para poder llevar a cabo el trabajo fue lleno con el espíritu de sabiduría entiendo que es algo necesario para mi como artista. Pero si Jesús, siendo el Hijo de Dios, para llevar a cabo su ministerio aquí en la tierra necesitó ser investido con el espíritu de sabiduría, entonces entiendo que para mi es trascendental.

Me he preguntado cómo esta sabiduría impartida por el Espíritu de Dios a Bezaleel podría ser también relevante en mi carrera artística. Encontramos en Proverbios a la sabiduría hablando y descubrimos que ésta tiene la capacidad de guiarnos cuando nos tornamos a ella "He aquí yo os derramaré mi espíritu, Y os haré saber mis palabras," (Proverbios 1:23). Y en este momento histórico donde el arte comienza a surgir nuevamente de manera significativa en la Iglesia y comunidades cristianas, necesitamos ser guiados por la sabiduría, necesitamos oír de ella.

LA SABIDURÍA Y EL PROCESO CREATIVO EN LA CREACIÓN

Hemos visto como en el principio de la creación el Espíritu de Dios se movía, incubaba sobre la faz de las aguas. De igual manera, la sabiduría fue parte de ese proceso creativo "Jehová con sabiduría fundó la tierra," (Prov. 3:19). La misma es parte inherente de Dios "Jehová me poseía en el principio de su camino, Ya de antiguo, antes de sus obras," (Prov. 8:22). Y estuvo presente antes que los cielos y la tierra fuesen creados, antes de la fundación del mundo:

Eternalmente tuve el principado, desde el principio, Antes de la tierra. Antes de los abismos fuí engendrada; Antes que fuesen las fuentes de las muchas aguas. Antes que los montes fuesen fundados, Antes de los collados, era yo engendrada: No había aún hecho la tierra, ni las campiñas, Ni el principio del polvo del mundo. (Proverbios 8:23-26)

Podemos ver a la sabiduría como una energía creativa, como un punto de creación, ya que ésta formó parte de todo el proceso creativo del universo:

Cuando formaba los cielos, allí estaba yo; Cuando señalaba por compás la sobrefaz del abismo; Cuando afirmaba los cielos arriba, Cuando afirmaba las fuentes del abismo; Cuando ponía á la mar su estatuto, Y á las aguas, que no pasasen su mandamiento; Cuando establecía los fundamentos de la tierra; (Proverbios 8:27-29)

Y aun después de terminada la creación la sabiduría siguió presente "Con él estaba yo ordenándolo todo; Y fuí su delicia todos los días, Teniendo solaz delante de él en todo tiempo. Huélgome en la parte habitable de su tierra; Y mis delicias son con los hijos de los hombres," (Proverbio 8:30-31).

Que maravilla, si la sabiduría pudo estar durante todo el proceso de la creación de un universo tan majestuoso, ¿podrá la sabiduría ayudarnos a crear un arte reflejo de la grandeza de nuestro Dios? ¿Podrá la sabiduría ayudarnos a crear nuevas obras teatrales que no sean adaptaciones de obras escritas por aquellos que no temen a Dios? ¿Podrá la sabiduría ayudarnos a crear nuevas técnicas de actuación? ¿Nuevos conceptos cinematográficos? ¿Nuevas técnicas teatrales? ¿Nuevos estilos de actuación, diseño o dirección escénica? ¿Nuevos ritmos musicales? ¿Nuevas teorías artísticas que sean congruente con nuestra fe cristiana? Entiendo que la respuesta es un definitivo SI.

JOSÉ, SALOMÓN Y DANIEL

José, Salomón y Daniel son tres ejemplos de la sabiduría de Dios. Veamos, pues su impacto, no solo a nivel personal, sino también como impactaron gobiernos a nacional e internacional. Faraón reconoció a Dios a través de la sabiduría que José recibió de Dios "Y dijo Faraón á José: Pues que Dios te ha hecho saber todo esto, no hay entendido ni sabio como tú," (Génesis 41;38-39), y fue puesto en autoridad para llevar a cabo una misión única. Faraón pone en manos de José la posición más alta después de el. Le da su anillo, le hizo vestir de ropas de lino finísimo, puso un collar de oro en su cuello y le hizo subir en su segundo carro. Y como si esto fuera poco, mandó a pregonar que todos doblaran rodilla ante José. La sabiduría dada por Dios a José sirvió para preservar la vida no sólo del pueblo de Egipto, pero especialmente de lo que sería el pueblo de Israel.

Uno de los ejemplos más clásicos en la Biblia de cómo obtener sabiduría y cómo la misma fue indispensable para ayudar, guiar y juzgar lo fue Salomón. La misma atrajo gentes de todas partes "Y venían de todos los pueblos á oir la sabiduría de Salomón, y de todos los reyes de la tierra, donde había llegado la fama de su sabiduría," (1Reyes 4:34). Nos dice la Biblia que luego de la muerte del Rey David, Salomón, su hijo, es afirmado por rey. Y que éste convocó a todo Israel y fueron a Gabaón, porque en ese lugar estaba el Tabernáculo de reunión y el Altar de Bronce que había hecho Bezaleel y nos narra que Salomón subió delante de Jehová al Altar de Bronce y ofreció sobre el mil holocaustos (2 Crónicas 1:6).

La Biblia nos da testimonio del amor de Salomón por Jehová Dios al señalar la obediencia de éste por los mandamientos de Dios (1Reyes 3:3). Así que no es de extrañarnos que convocara a Israel a sacrificar holocaustos en Gabaón. Y es interesante notar que en Gabaón estaba el Tabernáculo de Reunión y el Altar de Bronce que había hecho Bezaleel. Estos habían sido hechos por Bezaleel aproximadamente unos 500 años, luego de haber sido lleno de sabiduría para dirigir y construir la obra del Tabernáculo. Estoy segura que Salomón estaba consciente de la capacitación dada por Dios a Bezaleel y del trabajo que éste llevó a cabo. Y esa misma noche se le apareció Dios a Salomón en sueño y le dijo " Demanda lo que quisieres que yo te dé," (2 Crónicas 1:7). Y Salomón le responde "Dame ahora sabiduría (*chokmak*) y ciencia, para salir y entrar delante de este pueblo: porque ¿quién podrá juzgar este tu pueblo tan grande?," (2 Crónicas 1:10).

Hemos visto que Salomón amaba a Dios y era obediente a sus mandamientos. El ser obediente a los mandamientos de Dios conlleva conocimiento y estudio de los mismos y el reconocimiento de que es Dios el que da la sabiduría. Por lo tanto, Salomón entiende que necesita de sabiduría y ciencia para gobernar y juzgar como era debido al pueblo. Dios se agradó de la petición de Salomón y como resultado le dio mucho mas abundantemente de lo que pidió o entendió (Efesios 3:20):

> Y dijo Dios á Salomón: Por cuanto esto fué en tu corazón, que no pediste riquezas, hacienda, ó gloria, ni el alma de los que te quieren mal, ni pediste muchos días, sino que has pedido para ti sabiduría y ciencia para juzgar mi pueblo, sobre el cual te he puesto por rey, Sabiduría y ciencia te es dada; y también te daré riquezas, hacienda, y gloria, cual nunca hubo en los reyes que han sido antes de ti, ni después de ti habrá tal. (2 Crónicas 1: 11-12)

Y en 1Reyes 3:14 también le promete larga vida, si se mantiene obediente a los mandamientos de Dios. En resumen, Dios le otorga a Salomón sabiduría, ciencia, riquezas, propiedades, gloria y larga vida.

No pasaría mucho tiempo sin que se le presentara la oportunidad de poder confirmar ante otros la sabiduría que Dios le había dado. El primer reto que aparece registrado en la Palabra que tiene el Rey Salomón es el de las dos mujeres rameras que vienen a él, una de ellas acusaba a la otra de haberle cambiado el niño muerto por su hijo vivo mientras ella dormía. No sabiendo quien decía la verdad, el rey manda a traer una espada y dio órdenes de que partieran al niño vivo por la mitad y le dieran una mitad a una y la otra mitad a la otra. Inmediatamente la verdadera madre pidió clemencia por el niño "Dad á aquélla el hijo vivo, y no lo matéis: ella es su madre," (1Reyes 3:27). Y nos dice la Escritura que "todo Israel oyó aquel juicio que había dado el rey: y temieron al rey, porque vieron que había en él sabiduría (*chokmah*) de Dios para juzgar," (1 Reyes 3:28).

La sabiduría de Salomón se extendió por toda la tierra y la reina de Sabá cuando oyó de la fama de Salomón vino a verle para probarle con preguntas difíciles, las cuales, dice la Palabra fueron todas contestadas "Y cuando la reina de Seba vió toda la sabiduría (*chokmah)* de Salomón, y la casa que había edificado, Asimismo la comida de su mesa, el asiento de sus siervos, el estado y vestidos de los que le servían, sus maestresalas, y sus holocaustos que sacrificaba en la casa de Jehová, quedóse enajenada," (1 Reyes 10:4-5).

Y si analizamos estos versos, vemos que la reina de Sabá, además de asombrarse de los detalles espirituales, como lo es el holocausto, estaba maravillada, no sólo de la construcción, sino de los elementos artísticos que habían en la casa, las habitaciones y hasta en los vestidos de los que le servían. Y reconoce que lo que había oído no era ni la mitad de lo que le habían contado. Sin embargo, su asombro no se queda sólo en el área de reconocer la sabiduría, riquezas y cosas hermosas que poseía Salomón. Nos dice la Biblia que la reina llama bienaventurados a los hombres y siervos que están continuamente delante de Salomón y pueden oír de su sabiduría (1Reyes 10:8). Pero aún más, alaba y glorifica el nombre de Jehová "Jehová tu Dios sea bendito, que se agradó de ti para ponerte en el trono de Israel; porque Jehová ha amado siempre á Israel, y te ha puesto por rey, para que hagas derecho y justicia," (1Reyes 10:9).

Daniel es otro ejemplo de un individuo en el cual Dios deposita Su Espíritu de sabiduría. Daniel reconoce que la sabiduría viene de Dios y le da le gracias por ello:

> Y Daniel habló, y dijo: Sea bendito el nombre de Dios de siglo hasta siglo: porque suya es la sabiduría (chokmah) y la fortaleza: Y él es el que muda los tiempos y las oportunidades: quita reyes, y pone reyes: da la sabiduría (chokmah) á los sabios, y la ciencia á los entendidos: El revela lo profundo y lo escondido: conoce lo que está en tinieblas, y la luz mora con él. A ti, oh Dios de mis padres, confieso y te alabo, que me diste sabiduría (chokmah) y fortaleza, y ahora me enseñaste lo que te pedimos; pues nos has enseñado el negocio del rey. (Daniel 2: 20-23)

Sin embargo, los que fueron testigos de cómo el espíritu de sabiduría se movía en Daniel, le llamaron también espíritu de excelencia o un excelente espíritu. En el capítulo 5 de Daniel vemos que el rey Belsasar hizo un banquete y para ello usó los vasos de oro y plata que el rey Nabucodonosor trajo del templo de Jerusalén y con ellos "bebieron vino, y alabaron á los dioses de oro y de plata, de metal, de hierro, de madera, y de piedra," (ver. 4). Fue entonces que salió una mano de hombre que escribió sobre la pared, lo cual estremeció al rey al no entender lo que decía. El rey mandó a buscar a astrólogos, caldeos y adivinos "El rey clamó en alta voz que hiciesen venir magos, Caldeos, y adivinos. Habló el rey, y dijo á los sabios de Babilonia: Cualquiera que leyere esta escritura, y me mostrare su declaración, será vestido de púrpura, y tendrá collar de oro á su cuello; y en el reino se enseñoreará el tercero," (Daniel 5:7).

A pesar de las promesas ofrecidas, ninguno pudo interpretar la escritura. Sin embargo, la reina había oído de Daniel:

En tu reino hay un varón, en el cual mora el espíritu de los dioses santos; y en los días de tu padre se halló en él luz é inteligencia y sabiduría (*chokmah*), como ciencia (*chokmah*) de los dioses: al cual el rey Nabucodonosor, tu padre, el rey tu padre constituyó príncipe sobre todos los magos, astrólogos, Caldeos, y adivinos: Por cuanto fué hallado en él mayor (yattiyr) espíritu, y ciencia, y entendimiento, interpretando sueños, y declarando preguntas, y deshaciendo dudas, es á saber, en Daniel; al cual el rey puso por nombre Beltsasar. Llámese pues ahora á Daniel, y él mostrará la declaración. Entonces Daniel fué traído delante del rey. Y habló el rey, y dijo á Daniel: ¿Eres tú aquel Daniel de los hijos de la cautividad de Judá, que mi padre trajo de Judea? Yo he oído de ti que el espíritu de los dioses santos está en ti, y que en ti se halló luz, y entendimiento y mayor (yattiyr) sabiduría. (Daniel 5:11-14)

La palabra original de las palabras 'mayor' y 'abundancia' viene del arameo *yattiyr*[2] y quiere decir extraordinario, excelente, en otras palabras, ellos entendían que había en Daniel un excelente espíritu, un espíritu más excelente o un espíritu de excelencia. Un espíritu de una calidad superior a todo lo que hasta ese entonces ellos habían visto. Así que podemos observar como el espíritu de excelencia está ligado al espíritu de sabiduría, el cual a su vez viene del Espíritu de Dios. Daniel pudo hacer la interpretación de la escritura en la pared y esa misma noche el rey Belsasar fue muerto y Darío de Media tomó el reino quedando confirmado de esta forma la interpretación de Daniel. Darío comenzó una reorganización del reino, nombrando a 120 gobernantes para que gobernasen todo el reino y sobre ellos puso tres gobernadores, de los cuales Daniel era una de ellos, continúa narrando el relato Bíblico "Pero el mismo Daniel era superior á estos gobernadores y presidentes, porque había en él más abundancia de espíritu: y el rey pensaba de ponerlo sobre todo el reino, (Daniel 6:3)."

Podemos ver como la sabiduría capacitó José para preservación de vida y segundo en mando en el gobierno, a Salomón para juzgar y gobernar y a Daniel para interpretar el mensaje de Dios e instruir gobernantes y a Bezaleel para construir el tabernáculo. Lo que me hace entender que no importa cual sea el llamado, la sabiduría (*chokmah*) es uno de los fundamentos esenciales. Y como resultado aquellos que te rodean van a reconocer a Dios en ti.

BUSCA LA SABIDURÍA

Dios mismo a través de Su Palabra nos exhorta a buscar y obtener la sabiduría, así que tiene que ser importante, esencial. Realmente es algo que Dios mismo quiere darnos "Adquiere sabiduría,'" nos dice en Proverbios 4:5; y luego vuelve y nos repite "Sabiduría, ante todo; adquiere sabiduría," (Proverbios 4: 7). La palabra adquiere nos viene del hebreo *qanah*[3] que quiere decir "obtener, adquirir, comprar, poseer." En otras palabras, obtén sabiduría, posee sabiduría y si es posible compra la sabiduría. Requiere esfuerzo. Esto trae a mi memoria Proverbios 23: 23 "Compra (*qanah*) la verdad y no la vendas." Es más, la misma sabiduría nos está buscando, llamándonos, clamando por nosotros, en especial, si te encuentras entre los que carecen o tienen falta de sabiduría. En otras palabras la sabiduría anda en busca de los simples o de los que tienen falta de ella:

> La sabiduría clama de fuera, Da su voz en las plazas: Clama en los principales lugares de concurso; En las entradas de las puertas de la ciudad dice sus razones: ¿Hasta cuándo, oh simples, amaréis la simpleza, Y los burladores desearán el burlar, Y los insensatos aborrecerán la ciencia? (Proverbios 1: 20-22)

Y esa búsqueda y clamor de la sabiduría por nosotros, nos dice Salomón, el escritor de Proverbios es por distintos lugares, así que no hay excusas de que no la encontramos porque ella misma se hace accesible a nosotros:

> ¿NO clama la sabiduría, Y da su voz la inteligencia? En los altos cabezos, junto al camino, A las encrucijadas de las veredas se para; En el lugar de las puertas, á la entrada de la ciudad, A la entrada de las puertas da voces: Oh hombres, á vosotros clamo; Y mi voz es á los hijos de los hombres. Entended, simples, discreción; Y vosotros, locos, entrad en cordura. (Prov. 8: 1-5)

Y nos continúa diciendo Salomón, que no sólo la sabiduría salió en busca de nosotros con gran clamor y llanto, sino que también envió sus criados "La sabiduría edificó su casa, Labró sus siete columnas…. Envió sus criadas; Sobre lo más alto de la ciudad clamó: Cualquiera simple, venga acá," (Prov. 9:1, 3-4).

Así que entiendo, que adicional a que Dios mismo nos da el Espíritu de sabiduría, la sabiduría como tal nos anda buscando. Tal vez, éstas sean sólo imágenes poéticas usadas por Salomón, pero las mismas enfatizan el deseo de Dios para nosotros adquirir sabiduría. Me parece una hermosa imagen dándonos a entender que la sabiduría realmente está a nuestro alcance. Que no es algo que está para un grupo en particular o para personas con altos grados académicos. Al contrario, estos pasajes hacen énfasis y señala a los simples "¿Hasta cuándo, oh simples, amaréis la simpleza," (Proverbios 1:22a) y nos repite luego, "Cualquiera simple, venga acá," (Proverbios 9:4). Así que no hay excusas. La sabiduría se hace accesible a aquellos que la aman, que realmente la desean obtener "Yo amo á los que me aman; Y me hallan los que madrugando me buscan," (Proverbios 8:17).

QUIEN NOS DA LA SABIDURÍA

Todo lo que nos habla la Biblia sobre la sabiduría me parece apetecible. Anhelo la sabiduría, esa que Jehová da "El provee de sólida sabiduría á los rectos: Es escudo á los que caminan rectamente," (Prov. 2:7). Y hago énfasis a la sabiduría que Jehová da, porque leyendo en el libro de Santiago descubrí que hay dos tipos de sabiduría: una sabiduría espiritual y una sabiduría diabólica. Sobre la sabiduría diabólica nos dice "Pero si tenéis envidia amarga y contención en vuestros corazones, no os gloriés, ni seáis mentirosos contra la verdad: Que esta sabiduría no es la que desciende de lo alto, sino terrena, animal, diabólica. Porque donde hay envidia y contención, allí hay perturbación y toda obra perversa," (Santiago 3:13-16).

Mas sobre la sabiduría espiritual nos dice que el que sea sabio y entendido va a mostrar la misma a través de la buena conducta y en mansedumbre "Mas la sabiduría que es de lo alto, primeramente es pura, después pacífica, modesta, benigna, llena de misericordia y de buenos frutos, no juzgadora, no fingida. Y el fruto de justicia se siembra en paz para aquellos que hacen paz," (Santiago 3:17-18).

DONDE BUSCAR LA SABIDURÍA

Así, que estamos buscando donde hallar la sabiduría espiritual, la que como dice Santiago, viene de lo alto. Y me hago eco de las palabras de Job 28: 12 "¿dónde se hallará la sabiduría?" Creo que si realmente conociéramos el valor e importancia que tiene la sabiduría para nuestras vidas personales, para nuestro arte no descansaríamos hasta encontrarla, pero "no conoce su valor el hombre," (ver. 13). Y vuelvo y pregunto, ¿dónde se encuentra? Job nos continúa diciendo que ésta no se halla en la tierra de los vivientes, ni puede ser comprada con dinero o intercambiada por alhajas preciosas:

El abismo dice: No está en mí: Y la mar dijo: Ni conmigo. No se dará por oro, Ni su precio será á peso de plata. No puede ser apreciada con oro de Ophir, Ni con onique precioso, ni con zafiro. El oro no se le igualará, ni el diamante; Ni se trocará por vaso de oro fino. De coral ni de perlas no se hará mención: La sabiduría es mejor que piedras preciosas. No se igualará con ella esmeralda de Ethiopía; No se podrá apreciar con oro fino. (Job 28:14-19)

Y sigue Job preguntándose "¿De dónde, pues, vendrá la sabiduría?" El entiende que la misma está encubierta, oculta a todo ser viviente, por eso es que hay que adquirirla, lo que implica cierto tipo de esfuerzo de nuestra parte. Sólo Dios puede guiarnos a la sabiduría:

Dios entiende el camino de ella, Y él conoce su lugar. Porque él mira hasta los fines de la tierra, Y ve debajo de todo el cielo. Al dar peso al viento, Y poner las aguas por medida; Cuando él hizo ley á la lluvia, Y camino al relámpago de los truenos: Entonces la veía él, y la manifestaba: Preparóla y descubrióla también. (Job 28:23-27)

Y Job concluye su discurso sobre la búsqueda de la sabiduría diciéndonos que Dios mismo dijo al hombre "He aquí que el temor del Señor *es* la sabiduría," (Job 28:28). Lo cual repite David cuando escribe "El principio de la sabiduría es el temor de Jehová: Buen entendimiento tienen cuantos ponen aquéllos por obra: Su loor permanece para siempre," (Salmo 111:10). Y Salomón nos repite nuevamente "El temor de Jehová es el principio de la sabiduría," (Prov. 9:10). Y aún añade "El temor de Jehová es aborrecer el mal; La soberbia y la arrogancia, y el mal camino Y la boca perversa, aborrezco," (Proverbios 8:13). Queda establecido por la boca de tres testigos que el temor de Jehová es el principio de la sabiduría. Ahora nos queda descubrir ¿qué es el temor de Jehová? Y Salomón nos dice cómo entenderlo:

HIJO mío, si tomares mis palabras, Y mis mandamientos guardares dentro de ti, Haciendo estar atento tu oído á la sabiduría; Si inclinares tu corazón á la prudencia; Si clamares á la inteligencia, Y á la prudencia dieres tu voz;

Si como á la plata la buscares, Y la escudriñares como á tesoros; Entonces entenderás el temor de Jehová, Y hallarás el conocimiento de Dios.

Porque Jehová da la sabiduría, Y de su boca viene el conocimiento y la inteligencia. El provee de sólida sabiduría á los rectos: Es escudo á los que caminan rectamente. (Prov. 2:1-6)

La palabra temor viene del hebreo *yir'ah*[4] que quiere decir reverencia. Es esta reverencia, veneración, devoción, amor y respeto a Dios que nos hace sabios. Porque el amar a Dios es manifiesto a través de estar atentos a Su voz y guardar Sus Palabras. Cuando amas estás atento a todo lo que la persona dice o hace y es tu mayor anhelo agradarle en todo, demostrarle que es importante para ti. Salomón mismo había sido testigo de ello " Mas Salomón amó á Jehová, andando en los estatutos de su padre David," (1Reyes 3:3). El había experimentado la sabiduría que se adquiere al diligentemente estudiar la Palabra de Dios. Es por ello, que entiendo, que cuando Dios en sueño le habla y le dice que pida lo que quiera, estoy segura que Salomón tenía un fundamento. El amaba a Dios, era obediente a Su Palabra y entendía que "Jehová da la sabiduría." Salomón sabía que la sabiduría es parte del Espíritu de Dios. El tuvo que darse cuenta, que después del sueño donde Dios le responde afirmativamente a su petición de sabiduría, ésta comienza a manifestarse en su vida. Estoy segura que el fue el primero en sorprenderse y tal vez se dijo a si mismo "Esto tuvo que haber sido Jehová porque a mi no se me hubiera ocurrido." Veamos nuevamente el caso del niño con las dos rameras. El no tuvo oportunidad de llevar a cabo una investigación, o pruebas de DNA, Dios en el proceso trajo ese pensamiento súbito, la iluminación que te indica que hacer cuando no sabes que hacer.

Pero ¿dónde conseguir esa sabiduría? La Biblia nos dice "Con Dios está la sabiduría y la fortaleza; Suyo es el consejo y la inteligencia," (Job 12:13). ¿Cómo conseguirla? ¿Cómo adquirirla? En respuesta a ello Santiago nos dice "Y si alguno de vosotros tiene falta de sabiduría, demándela á Dios, el cual da á todos abundantemente, y no zahiere; y le será dada. Pero pida en fe, no dudando nada: porque el que duda es semejante á la onda de la mar, que es movida del viento, y echada de una parte á otra," (Santiago 1: 5-6).

Es interesante notar como el temor o reverencia a Jehová y la búsqueda de la sabiduría se convierte en un movimiento circular ascendente. En dónde el temor a Jehová es el principio de la sabiduría, pero una vez tengas sabiduría entenderás lo que es el temor a Jehová con mayor profundidad. El temor de Jehová es el principio de la sabiduría, pero para entender el temor o reverencia a Jehová debes buscar la sabiduría, anhelarla, estudiarla. En Proverbios 3:1 nos dice, "No olvides mi ley, oh hijo mío, y tu corazón guarde mis mandamientos" y en Proverbios 4:10 nos dice, "Oye, hijo mío, y recibe mis razones." Por lo tanto, la sabiduría se encuentra en conocer y guardar la Palabra de Dios y ese conocimiento de la Palabra nos revela el temor y reverencia a Dios. Ha mayor temor y reverencia de Dios más búsqueda y estudio de la Palabra. No es un acto pasivo, requiere estudio y esfuerzo. Por lo tanto, la sabiduría tiene su origen en Dios y emerge del estudio de Su Palabra y Su Palabra nos lleva a El.

La Palabra es luz, por lo tanto me alumbra, me hace ver las cosas que no vería en obscuridad "El principio de tus palabras alumbra; Hace entender á los simples," (Salmo 119:130). Cuando no sé que hacer, ya que la ignorancia es como la obscuridad, la respuesta puede estar frente a ti, pero si está oscuro y no la vez, no sabes que hacer. Por lo tanto, la luz es como la sabiduría "Resplandeció en las tinieblas luz á los rectos, " (Salmo 112:4a). La Palabra de Dios va delante de mi y alumbra mi camino, "Lámpara es á mis pies tu palabra, Y lumbrera á mi camino," (Salmo 119:105). La sabiduría te hace resplandecer, es como si luz emanara de ti ";Quién como el sabio? ¿y quien como el que sabe la declaración de las cosas? La sabiduría del hombre ilumina su rostro, y la tosquedad de su semblante se mudará," (Eclesiastés. 8:1).

BENEFICIOS DE LA SABIDURÍA

La sabiduría nos promete, entre otras cosas, guardarnos, conservarnos, engrandecernos o promovernos, honrarnos, darnos gracia ante otros y años de vida:

Sabiduría ante todo: adquiere sabiduría: Y ante toda tu posesión adquiere inteligencia. Engrandécela, y ella te engrandecerá: Ella te honrará, cuando tú la hubieres abrazado. Adorno de gracia dará á tu cabeza: Corona de hermosura te entregará. Oye, hijo mío, y recibe mis razones; Y se te multiplicarán años de vida. (Proverbios 4:7-10)

Por lo tanto si exaltamos y honramos a la sabiduría, o sea, si le damos un lugar de prominencia y respeto en nuestras vidas, a cambio de ello, ella nos levantará, promoverá, celebrará y nos honrará.

Además de lo antes mencionado, dice la Palabra que feliz, bienaventurado el hombre que halla la sabiduría, (Prov. 3:13). Ya que obtener sabiduría es mejor que las riquezas, porque te da mucho, muchísimo más que éstas. Continuamente enfatiza la sabiduría que da larga vida, honra, una vida cómoda, paz y como si esto fuera poco, también te da riquezas:

Porque su mercadería es mejor que la mercadería de la plata, Y sus frutos más que el oro fino.

Más preciosa es que las piedras preciosas; Y todo lo que puedes desear, no se puede comparar á ella. Largura de días está en su mano derecha; En su izquierda riquezas y honra. Sus caminos son caminos deleitosos, Y todas sus veredas paz. Ella es árbol de vida á los que de ella asen: Y bienaventurados son los que la mantienen. (Prov. 3:14-18)

Es irónico conocer que hay quienes desechan la sabiduría por ir en busca de riquezas, sin embargo la Biblia nos dice que el busca la sabiduría obtiene también con ella las riquezas. La sabiduría es cosa deliciosa, agradable, dulce, deleitosa, en fin es algo bueno y produce confianza:

> Inclina tu oído, y oye las palabras de los sabios, Y pon tu corazón á mi sabiduría: Porque es cosa deleitable, si las guardares en tus entrañas; Y que juntamente sean ordenadas en tus labios. Para que tu confianza sea en Jehová, Te las he hecho saber hoy á ti también. (Prov. 22:117-9)

La sabiduría me ayuda a obtener éxito, será mi recompensa, me hará bien y mi esperanza tendrá un futuro ya que no será cortado o mutilado y vuelve y enfatiza, que la sabiduría es buena y dulce como la miel:

> Si dijeres: Ciertamente no lo supimos; ¿No lo entenderá el que pesa los corazones? El que mira por tu alma, él lo conocerá, Y dará al hombre según sus obras. Come, hijo mío, de la miel, porque es buena, Y del panal dulce á tu paladar: Tal será el conocimiento de la sabiduría á tu alma: Si la hallares tendrá recompensa, Y al fin tu esperanza no será cortada. (Prov. 24:12-14)

Proverbios continuamente nos recuerda de los beneficios de la sabiduría, como vimos en el ejemplo de José, Salomón y Daniel la sabiduría nos ayuda a gobernar, nos ayuda a juzgar y al hacerlo, lo hacemos de una forma sólida, consistente :

> Por mí reinan los reyes, Y los príncipes determinan justicia. Por mí dominan los príncipes, Y todos los gobernadores juzgan la tierra.... Las riquezas y la honra están conmigo; Sólidas riquezas, y justicia. Por vereda de justicia guiaré, Por en medio de sendas de juicio; (Prov. 8:15-16, 18, 20)

Y más aun, la sabiduría nos promete que el que la guarde, atesore, ame, el que la proteja, lo cual implica tener la sabiduría en gran estima, ser estudioso de ella, anhelarla, ella le recompensará dándole vida y el favor de Jehová. No así los que no aprecian la sabiduría, para éstos, el no amar la sabiduría es lo mismo que amar a la muerte:

> Ahora pues, hijos, oidme: Y bienaventurados los que guardaren mis caminos.... Bienaventurado el hombre que me oye, Velando á mis puertas cada día, Guardando los umbrales de mis entradas. Porque el que me hallare, hallará la vida, Y alcanzará el favor de Jehová. Mas el que peca contra mí, defrauda su alma: Todos los que me aborrecen, aman la muerte. (Prov. 8:32, 34-36)

Y nos continúa diciendo Salomón que el hombre que se extravía o que se aparta del camino de la sabiduría "Vendrá á parar en la compañía de los muertos," (Proverbios 21:16). Sin embargo tener sabiduría nos promete largura de días "Porque por mí se aumentarán tus días, Y años de vida se te añadirán," (Prov. 9:11).

Y todavía nos dice más "Mejor es la sabiduría que la fuerza," (Eclesiastés 9:16). Si sabemos lo que tenemos que hacer, no sólo evitamos tener que poner fuerza física adicional al trabajo o proyecto que estamos haciendo, sino también fuerzas mentales, emocionales, psicológicas. La sabiduría nos sirve para construir y aquí el concepto de casa puede ser simbólico. La casa puede ser nuestros trabajo, carrera, vocación o simplemente un proyecto "Con sabiduría se edificará la casa, Y con prudencia se afirmará," (Proverbios 24:3). Y Eclesiastés 10:10 nos dice "Si se embotare el hierro, y su filo no fuere amolado, hay que añadir entonces más fuerza: empero excede la bondad de la sabiduría." Por ejemplo, si ponemos atención a la primera etapa del proyecto, la etapa de planificación, y pedimos por sabiduría, cuando entonces entramos a la etapa de realizar el proyecto éste va a moverse con mayor facilidad y ligereza porque durante la etapa de planificación estudiamos todos los aspectos del mismo y tuvimos sabiduría para ver posibles errores, problemas, retos y corregirlos. Es importante no aligerar el comienzo, de no acelerar la etapa de planificación, pero sobre todo de buscar la dirección de la sabiduría. De dedicar tiempo adicional a esta primera etapa planeando, orando, pensando y meditando en ella. Ya que de esta forma podemos hacer los ajustes necesarios "La ciencia del cuerdo es entender su camino: Mas la indiscreción de los necios es engaño," (Proverbios14:8). Sabiduría es saber lo que tienes que hacer y cuando lo tienes que hacer. La sabiduría te ayudará a lograr más en menos tiempo. La sabiduría te ayuda a tener éxito en todas tus empresas, en todos tus proyectos artísticos.

Sabiduría es saber que hacer cuando no sabes que hacer. Cuando estás frente a un grupo de actores y de pronto no sabes como resolver el movimiento escénico, porque el escenario es más grande o más pequeño de lo que te dijeron o a identificar qué es lo que no está funcionando apropiadamente dentro de la puesta en escena. Es entonces que la sabiduría, la cual no es conocimiento, sino la habilidad de usar el conocimiento, te indica lo que debes hacer.

La sabiduría dada a través de la Palabra de Dios facilita nuestro trabajo. Cuando el hombre pecó y cae de la gracia de Dios todo se le complicó, hasta la forma de hacer su trabajo " En el sudor de tu rostro comerás el pan hasta que vuelvas á la tierra," (Génesis 3:19). Sin embargo en Lucas 5, Jesús le dice a Pedro que echase las redes a la mar y Pedro le responde que han estado pescando toda la noche sin tener éxito alguno, sin embargo, le dice "Maestro, hemos trabajado toda la noche, y nada hemos pescado; **mas en tu palabra echaré la red.** Y habiéndolo hecho, encerraron gran cantidad de peces, y su red se rompía, (énfasis es mío)." La palabra de sabiduría dada por Jesús facilitó el trabajo.

PARA QUIEN ES LA SABIDURÍA

Si la sabiduría se obtiene del temor a Jehová y del estudio de Su Palabra quiere decir que la misma está reservada para los que aman a Dios, la misma está reservada para nosotros:

El provee de sólida sabiduría á los rectos: Es escudo á los que caminan rectamente. Es el que guarda las veredas del juicio, Y preserva el camino de sus santos. Entonces entenderás justicia, juicio, Y equidad, y todo buen camino. Cuando la sabiduría entrare en tu corazón, Y la ciencia fuere dulce á tu alma, El consejo te guardará, Te preservará la inteligencia: Para librarte del mal camino, De los hombres que hablan perversidades; (Prov. 2: 7-12)

Es interesante notar como la sabiduría siempre va acompañada de la justicia. Si la damos una ojeada a Isaías 11 donde nos habla del espíritu de sabiduría, en los versos 3 y 4 nos dice ". . .no juzgará según la vista de sus ojos, ni argüirá por lo que oyeren sus oídos; Sino que juzgará con justicia á los pobres."

Como hijos de Dios, nacidos de nuevo, la sabiduría nos pertenece, ya que en Cristo Jesús somos justificados, pero también nos dice la Biblia que Jesús se hizo por nosotros sabiduría y si estamos en Cristo tenemos todos sus atributos. Por lo tanto, yo soy sabio porque Dios a través de Jesús me hizo sabia "Mas de él sois vosotros en Cristo Jesús, el cual nos ha sido hecho por Dios sabiduría, y justificación, y santificación, y redención," (1Corintios 1:30). Por lo tanto, la sabiduría está disponible para mí, está guardada para mí y soy sabia en Cristo Jesús. Pero, el que la Biblia diga que soy sabia en Jesús no elimina mi responsabilidad de estudio y búsqueda, sino que entiendo, que voy a estudiar y a buscar la sabiduría de forma positiva. Estoy estudiando y buscando una sabiduría que me fue dada, y lo que estoy haciendo es activando lo que yo sé que me pertenece. Muy diferente a cuando estudiamos desde una perspectiva negativa, sin una esperanza o pensando que no tenemos las posibilidades de alcanzar la sabiduría porque carecemos de estudios avanzados o no tenemos lo que pensamos nos hace falta.

Dios desea darnos la sabiduría y a través de su Palabra nos instruye como obtenerla: Bezaleel la obtuvo al ser llamado y llenado del espíritu de Dios en sabiduría, Job, David y Salomón nos dicen que el principio de la sabiduría es el temor de Jehová y Proverbios nos señala la Palabra de Dios como un medio para obtener sabiduría y Salomón se la pidió a Dios, Josué hijo de Nun fue lleno del espíritu de sabiduría, porque Moisés había puesto sus manos sobre él (Deuteronomio 34:9) y el Apóstol Pablo nos señala que hemos sido hechos por Dios sabiduría en Cristo Jesús (1 Corintios 1:30).

NOTAS:

[1]Blue Letter Bible. "Dictionary and Word Search for *chokmah (Strong's 2451)*". Blue Letter Bible. 1996-2012. 11 Dec 2012. < http:// www.blueletterbible.org/lang/lexicon/lexicon.cfm? Strongs=H2451&t=KJV >

[2]Blue Letter Bible. "Dictionary and Word Search for *yattiyr (Aramaic) (Strong's 3493)*". Blue Letter Bible. 1996-2012. 11 Dec 2012. < http:// www.blueletterbible.org/lang/lexicon/lexicon.cfm? Strongs=H3493&t=KJV >

[3]Blue Letter Bible. "Dictionary and Word Search for *qanah (Strong's 7069)*". Blue Letter Bible. 1996-2012. 11 Dec 2012. < http:// www.blueletterbible.org/lang/lexicon/lexicon.cfm? Strongs=H7069&t=KJV >

[4]Blue Letter Bible. "Dictionary and Word Search for *yir'ah (Strong's 3374)*". Blue Letter Bible. 1996-2012. 11 Dec 2012. < http:// www.blueletterbible.org/lang/lexicon/lexicon.cfm? Strongs=H3374&t=KJV >

CAPITULO 6

Inteligencia

y lo he henchido de espíritu de Dios, en sabiduría
y en inteligencia,
(Éxodo 31:3, RVR)

EN INTELIGENCIA

Jehová Dios le continúa hablando a Moisés y le dice "Y lo he henchido de espíritu de Dios, en sabiduría, y en **inteligencia**, (enfasis es mío, Éxodo 31:3c). Ya hemos visto dos de los regalos de Dios a Bezaleel, el Espíritu de Dios y la sabiduría, ahora le añade la inteligencia.

Inteligencia es una palabra que nos viene del hebreo, *tabuwn*[1]. Usualmente es traducida como inteligencia y entendimiento. Para aquellos que le gusta explorar el significado de ciertas palabras claves en el hebreo porque ello nos amplía la interpretación del verso, quiero indicar hay otra palabra hebrea para inteligencia y es *biynah*[2]. Tanto la palabra hebrea *tabuwn* como *biynah* vienen de la raíz primitiva *biyn*[3]. Esta quiere decir separar mentalmente o distinguir, entender, considerar, diligente, discernir, elocuente, informar, instruir, tener inteligencia, saber, percibir, ser prudente, enseñar, pensar.

Es interesante notar, para algunos estudiosos de la Palabra el término inteligencia o entendimiento en la Biblia está íntimamente relacionado con la sabiduría y se asocia con ésta de formas diferentes. Por ejemplo, la inteligencia te puede llevar a adquirir sabiduría. Esta representa el acto de sabiduría, en otras palabras, es un símbolo de una acción "El rompe la mar con su poder, Y con su entendimiento hiere la hinchazón[2] suya" (Job 26:12). O sea, con Su inteligencia El destruye la arrogancia. La inteligencia también es una facultad de la sabiduría, es la capacidad, autoridad, poder, derecho o aptitud para hacer algo. Jehová le dio a Bezaleel la aptitud y capacidad para trabajar en el Tabernáculo. Cuarto, la inteligencia es el objeto de la sabiduría, en otras palabras, la inteligencia recibe la acción, la consecuencia y resultado de la sabiduría. Y por último, la inteligencia personifica a la sabiduría al darle atributos humanos a un concepto abstracto como lo es la sabiduría "¿NO clama la sabiduría, Y da su voz la inteligencia?," (Proverbios 8:1).

De acuerdo al Diccionario Webster, la inteligencia es el acto de saber o comprender, es el poder conocer o entender la información y aún el mismo diccionario ve la inteligencia como un regalo o donación. Una persona inteligente es una persona hábil, una persona con entendimiento, o sea, que puede distinguir o discernir lo verdadero de lo falso. Una persona que puede interpretar y explicar lo que conoce de su arte o materia. Y la Enciclopedia Británica nos la define como la "cualidad mental que consiste en la capacidad de aprender de la experiencia, adaptarse a nuevas situaciones, comprender y manejar conceptos abstractos, y utilizar el conocimiento para manipular el entorno." Dios le dio a Bezaleel el regalo de la inteligencia para poder resolver los problemas con los cuales se iba a confrontar durante el desarrollo del proyecto de la construcción del tabernáculo.

El artista necesita tener la capacidad para resolver problemas complejos y debe poner cuidado y atención a lo que hace. Por ejemplo, cuando dirijo una obra de teatro, tengo la responsabilidad de leer el texto dramático y hacer una interpretación artística del mismo. Esto me requiere una capacidad de análisis, de conocimiento sobre el arte de dirigir, conocimiento sobre lo que es una obra de teatro, poder descifrar cual es la intención del escritor y como trasmitirla al público, entre otros. Estoy segura que aunque Dios había dado el diseño del Tabernáculo a Moisés, Bezaleel se enfrentó con momentos donde tenía que hacer uso de su conocimiento sobre los metales, madera, interpretación del diseño y discernir si se podía tomar alguna libertad artística y donde estaban establecidos los límites.

Entiendo entonces, que el que Dios le hablara a Moisés sobre la capacitación que había dado a Bezaleel es para mi motivo de exploración y estudio. ¿Qué encierran palabras como "sabiduría," "inteligencia" que son específicamente mencionadas por Dios con relación a Bezaleel? Es por ello mi deseo de seguir explorando lo que nos dice la Biblia sobre ellas. Al Jehová Dios decirle a Moisés "Y lo he henchido. . . en inteligencia (*tabuwn*)," estoy infiriendo que la inteligencia como la sabiduría también es un regalo de Dios, pero que requiere una búsqueda seria, que requiere deseo de obtenerla, esfuerzo, dedicación. Esa búsqueda nos va a llevar a Dios porque en El está la inteligencia:

> Si clamares á la inteligencia (biynah), Y á la prudencia (tabuwn) dieres tu voz; Si como á la plata la buscares, Y la escudriñares como á tesoros; Entonces entenderás el temor de Jehová, Y hallarás el conocimiento de Dios. Porque Jehová da la sabiduría, Y de su boca viene el conocimiento y la inteligencia (*tabuwn*). (Proverbios 2:3-6)

Continuando nuestro estudio sobre la inteligencia, encontramos en las Sagradas Escrituras que la inteligencia se puede conseguir "de tus mandamientos he adquirido inteligencia," (Salmo 119:104). En la Palabra de Dios está la inteligencia. Salomón nos exhorta a alcanzar la sabiduría, sin embargo nos enfatiza que junto con ella obtengamos la inteligencia, que la hagamos nuestra "Adquiere sabiduría, adquiere inteligencia; . . . Sabiduría ante todo: adquiere sabiduría: y ante toda tu posesión adquiere inteligencia," (Proverbios 4:5, 7). Ya que el adquirir, el obtener la inteligencia es mas valioso que la plata. (Proverbios16:16) Y no tan sólo hay un beneficio intelectual o educativo para el que obtiene la inteligencia y el entendimiento, sino que también hay un beneficio espiritual "el que posee entendimiento ama su alma; el que guarda la inteligencia hallará el bien," (Proverbios 19: 8). Y una vez que la hallas adquirido no la vendas. Así de importante es "Compra la verdad y no la vendas; la sabiduría, la enseñanza, y la inteligencia," (Proverbios 23:23).

DÓNDE CONSEGUIR LA INTELIGENCIA

Es interesante observar que Job durante su discurso sobre la sabiduría se pregunta no sólo donde se encuentra ésta, sino también pregunta por la prudencia, que es otro de los aspectos de la inteligencia, aunque en algunas traducciones, en vez de prudencia, aparece la palabra inteligencia "Empero ¿dónde se hallará la sabiduría? ¿Y dónde está el lugar de la prudencia (biynah)?," (Job 28:12). Y continúa su discurso dándole énfasis a las preguntas de dónde vienen y dónde están "¿De dónde pues vendrá la sabiduría? ¿Y dónde está el lugar de la inteligencia (biynah)?," (Job 28:20). Es como si las mismas estuvieran escondidas y es necesario conocer quien tiene la sabiduría y la inteligencia y dónde para poder salir a buscarlas. Para casi al final de su discurso sobre la sabiduría decirnos "Dios entiende el camino de ella, Y él conoce su lugar," (Job 28:23). O sea, la solución al enigma la tiene Dios. Y es entonces que Job nos revela lo que Dios le ha dicho "Y dijo al hombre: He aquí que el temor del Señor es la sabiduría, Y el apartarse del mal la inteligencia (biynah)," (Job 28:28).

Moisés le dice al pueblo, hablándole de los estatutos y decretos que el le había enseñado "Guardadlos, pues, y ponedlos por obra: porque esta es vuestra sabiduría y vuestra inteligencia (biynah) en ojos de los pueblos, los cuales oirán todos estos estatutos, y dirán: Ciertamente pueblo sabio y entendido, gente grande es ésta," (Deuteronomio 4:6). El guardar la

Palabra de Dios te hace sabio y entendido, te hace inteligente. De los mandamientos de Dios adquirimos la inteligencia y lo contrario a los mandamientos de Dios está catalogado por el salmista como mentira, como algo falso "De tus mandamientos he adquirido inteligencia (biyn): Por tanto he aborrecido todo camino de mentira," (Salmo 119:104).

El meditar en la Palabra de Dios produce entendimiento sobre cosas ocultadas, encubiertas, veladas "Mi boca hablará sabiduría; Y el pensamiento de mi corazón inteligencia (tabuwn). Acomodaré á ejemplos mi oído: Declararé con el arpa mi enigma," (Salmo 49:3-4). La palabra hebrea para pensamiento es *haguwth*,[4] que también quiere decir meditación, pero **¿qué es meditar?** ya que parece ser clave en le proceso de adquirir inteligencia. Si investigamos un poco más, encontramos que la palabra hebrea para meditar es *hagah*,[5] que quiere decir murmurar, reflexionar sobre, imaginar, gemir, gruñir, hablar. Por lo tanto, el reflexionar sobre la palabra, el hablarla, repetirla me ayudará a entender, a resolver el secreto, el misterio, lo que no sé.

BENEFICIOS DE LA INTELIGENCIA

Como consecuencia de haber pedido inteligencia, Dios le dice a Salomón:

Porque has demandado esto, y no pediste para ti muchos días, ni pediste para ti riquezas, ni pediste la vida de tus enemigos, mas demandaste para ti inteligencia para oir juicio; He aquí lo he hecho conforme á tus palabras: he aquí que te he dado corazón sabio y entendido, tanto que no haya habido antes de ti otro como tú, ni después de ti se levantará otro como tú. Y aun también te he dado las cosas que no pediste, riquezas y gloria: tal, que entre los reyes ninguno haya como tú en todos tus días. Y si anduvieres en mis caminos, guardando mis estatutos y mis mandamientos, como anduvo David tu padre, yo alargaré tus días. (1 Reyes 3:11-14)

Ya sabemos que Dios le dio a Salomón un corazón sabio y entendido, riquezas, glorias y larga vida. Y me llama la atención que Dios le dice "mas demandaste para ti inteligencia." Esa petición que hizo Salomón fue más allá de una simple oración o deseo. Demandar nos habla de súplica, de ruego, de implorar, de clamor. Es una petición que le llega a Dios con una carga emocional fuerte, porque es inteligencia para poder juzgar. Es saber escoger entre lo que es justo y lo injusto. Y el juzgar con rectitud está en el mismo corazón de Dios. Tal es así, que el Profeta Isaías habla sobre los siete espíritus que reposarían sobre Jesús "Y reposará sobre él el espíritu de Jehová; espíritu de sabiduría y de inteligencia, espíritu de consejo y de fortaleza, espíritu de conocimiento y de temor de Jehová. Y harále entender diligente en el temor de Jehová," (Isaías 11: 2-3a). Y el resultado de ello será que:

> No juzgará según la vista de sus ojos, ni argüirá por lo que oyeren sus oídos; Sino que juzgará con justicia á los pobres, y argüirá con equidad por los mansos de la tierra: y herirá la tierra con la vara de su boca, y con el espíritu de sus labios matará al impío. Y será la justicia cinto de sus lomos, y la fidelidad ceñidor de sus riñones. (Isaías 11:3b-5)

Y estoy segurísima, que Salomón como estudioso de las Sagradas Escrituras conocía estos versos, y más aún, había meditado en ellos y en el momento del "enigma," del no saber que hacer como dice David en el Salmo 49, clamó por el espíritu de inteligencia. Y entiendo, que aunque Dios se le aparece en sueños a Salomón, el espíritu no duerme y su espíritu pudo responder a la petición de Dios. De la misma manera que en Génesis 6:5, antes del diluvio, Dios pudo mirar y ver que "todo designio de los pensamientos del corazón de ellos era de continuo solamente el mal" de la misma manera pudo ver en el corazón de Salomón su clamor para juzgar con integridad.

La Inteligencia nos preserva, nos guarda de daño o peligro "El consejo te guardará, Te preservará la inteligencia (tabuwn), " (Proverbios 2:11). Por lo tanto, nos recomienda el escritor de Proverbios que mantengamos una relación íntima con ella, de tal manera que la hagamos parte de nuestra familia, para que seamos guardados, cuidados, conservados "Y á la inteligencia (biynah) llama parienta," (Proverbios 7:4b). Esta relación con la inteligencia te hará bien, será beneficiosa para ti "El que posee entendimiento, ama su alma: El que guarda la inteligencia (tabuwn), hallará el bien," (Proverbios 19:8). Las cosas te saldrán bien porque sabes lo que tienes que hacer, sabes tomar la decisión correcta y la satisfacción que ello produce te hará feliz "Bienaventurado el hombre que halla la sabiduría, Y que obtiene la inteligencia (tabuwn)," (Proverbios 3:13).

La inteligencia también produce prudencia "Y Dios dió a Salomón sabiduría *(chokmah)*, y prudencia muy grande, y anchura de corazón como la arena que esta á la orilla del mar," (1reyes 4:29). Prudencia, sensatez, cordura, es el ejercicio del buen juicio para evitar complicaciones, dificultades. El como yo trato a los artistas que trabajan conmigo evita muchas disensiones, desacuerdos y prepara el ambiente para la colaboración.

LA INTELIGENCIA Y LA CREACIÓN

Y al igual que la sabiduría, encontramos a la inteligencia presente en el proceso de la creación del mundo. Nos dice el Rey Salomón que los cielos fueron afirmados con inteligencia, (Proverbios 3:19) y el Profeta Jeremías afirma que Dios "extendió los cielos con su prudencia," (Jeremías 10:12) y con inteligencia (Jeremías 51:15).

INTELIGENCIA Y LAS ARTES

La inteligencia está asociada a las artes. Sin embargo aquí vemos tres ejemplos diferentes en el uso de la inteligencia. Hiram, rey de Tiro, alaba a Jehová el Dios de Israel porque reconoce que Salomón está capacitado con la sabiduría e inteligencia necesaria para edificar la casa de Dios "Y además decía Hiram: Bendito sea Jehová el Dios de Israel, que hizo los cielos y la tierra, y que dió al rey David hijo sabio, entendido, cuerdo y prudente, que edifique casa á Jehová, y casa para su reino," (2 Crónicas 2:12). Y como resultado, le envía un artista, llamado Hiram-abi, que es también entendido, inteligente y que sabe trabajar metales, maderas y telas. El cual es también escultor y diseñador:

Yo pues te he enviado un hombre hábil y entendido (biynah), . . . el cual sabe trabajar en oro, y plata, y metal, y hierro, en piedra y en madera, en púrpura, y en cárdeno, en lino y en carmesí; asimismo para esculpir todas figuras, y sacar toda suerte de diseño que se le propusiere, y estar con tus hombres peritos, y con los de mi señor David tu padre. (2 Crónicas 2:13-14)

Como contraste, vemos el testimonio del profeta Oseas. Este menciona la pericia de los artesanos. Pericia nos habla de habilidad, sin embargo, esta habilidad en manos de artistas faltos del temor de Dios produce un arte de corrupto. Un arte que no honra a Dios "Y ahora añadieron á su pecado, y de su plata se han hecho según su entendimiento (tabuwn), estatuas de fundición, ídolos, toda obra de artífices; acerca de los cuales dicen á los hombres que sacrifican, que besen los becerros," (Oseas 13:2).

Ellos emplearon su inventiva e iniciativa para construir ídolos. En éste caso, diferente a lo que sucede con Bezaleel, éstos hacen ídolos "conforme a su entendimiento." La concepción de los ídolos estaba en la mente, en el intelecto del que lo iba a hacer. El artífice ideó lo que el ídolo iba a representar. Posiblemente debatió consigo mismo, rechazando ideas, tomando distintos tipos de decisiones, cambiando detalles, modificando ideas y todo según "su entendimiento." Su inteligencia lo imaginó y los artesanos lo construyeron. Lo que me hace recordar lo que dice David:

> Sus ídolos son plata y oro, Obra de manos de hombres. Tienen boca, mas no hablarán; Tienen ojos, mas no verán; Orejas tienen, mas no oirán; Tienen narices, mas no olerán; Manos tienen, mas no palparán; Tienen pies, mas no andarán; No hablarán con su garganta. Como ellos son los que los hacen; Cualquiera que en ellos confía. (Salmo 115:4-8)

Ellos abusaron de los dones de Dios, dedicando a la idolatría lo que el Señor había escogido para Su uso, como lo es el arte y los recursos naturales como lo es la plata. En el Tabernáculo Dios hizo uso del arte, de artistas, del oro y de la plata y de piedras preciosas, pero todo estaba destinado para "honra y hermosura," (Éxodo 28:40).

NOTAS:

[1] Blue Letter Bible. "Dictionary and Word Search for *tabuwn (Strong's 8394)*". Blue Letter Bible. 1996-2012. 11 Dec 2012. < http:// www.blueletterbible.org/lang/lexicon/ lexicon.cfm? Strongs=H8394&t=KJV >

[2] The Hebrew lexicon is Brown, Driver, Briggs, Gesenius Lexicon; this is keyed to the "Theological Word Book of the Old Testament." <http://www.biblestudytools.com/ lexicons/hebrew/kjv/biynah.html>

[3] Blue Letter Bible. "Dictionary and Word Search for *biyn (Strong's 995)*". Blue Letter Bible. 1996-2012. 11 Dec 2012. < http:// www.blueletterbible.org/lang/lexicon/ Lexicon.cfm? Strongs=H995&t=KJV >

[4] Blue Letter Bible. "Dictionary and Word Search for *haguwth (Strong's 1900)*". Blue Letter Bible. 1996-2012. 11 Dec 2012. < http:// www.blueletterbible.org/lang/ lexicon/lexicon.cfm? Strongs=H1900&t=KJV >

[5] Blue Letter Bible. "Dictionary and Word Search for *hagah (Strong's 1897)*". Blue Letter Bible. 1996-2012. 11 Dec 2012. < http:// www.blueletterbible.org/lang/lexicon/ Lexicon.cfm? Strongs=H1897&t=KJV >

CAPITULO 7

Ciencia

> y lo he henchido de espíritu de Dios, en sabiduría
> y en inteligencia, y en ciencia
> (Éxodo 31:3)

EN CIENCIA

Jehová Dios continúa dándole las especificaciones a Moisés y le dice "Y lo he henchido de espíritu de Dios, en sabiduría, y en inteligencia, y en **ciencia**," (énfasis mio, Éxodo 31:3d). Ya hemos visto tres de los regalos de Dios a Bezaleel, el Espíritu de Dios, la sabiduría Y la inteligencia; ahora le añade la ciencia. La palabra ciencia, que aparece en la versión Reina Valera Antigua de la Biblia, la cual es la versión que estamos usando, por lo general se traduce como conocimiento, lo cual exploraremos un poco más adelante. Para evitar confusión con el significado general que tiene en nuestros días la palabra ciencia, usaremos en este capítulo la palabra conocimiento en sustitución por la palabra ciencia.

En la Biblia, la palabra ciencia nos viene del hebreo *da`ath*[1] que quiere decir, conocimiento, pero también quiere decir "percibir, ser sensible por medio de la vista, el tacto, pero principalmente en la mente." Estas últimas definiciones me llamaron la atención. Por ejemplo, entendemos que el hombre es cuerpo, alma y espíritu. El cuerpo es esta caparazón o cubierta hecha por Dios del polvo de la tierra, y como es lo que vemos continuamente, no tenemos problema entendiendo lo que es. Pero somos más que un cuerpo, hay un alma y un espíritu dentro de ese cuerpo, de lo cual el Apóstol Pablo testifica al hablar del poder de la Palabra de Dios "Porque la palabra de Dios es viva y eficaz, y más penetrante que toda espada de dos filos: y que alcanza hasta partir **el alma, y aun el espíritu**, y las coyunturas y tuétanos, y discierne los pensamientos y las intenciones del corazón," (Énfasis mío, Hebreos 4:12). En Isaías 26:9 comenzamos a ver una clara distinción entre el alma y el espíritu "Con mi alma te he deseado en la noche; y en tanto que me durare el espíritu en medio de mí, madrugaré á buscarte: porque luego que hay juicios tuyos en la tierra, los moradores del mundo aprenden justicia." La primera parte del verso nos dice "Con mi alma te he deseado en la noche." El deseo es una emoción y vemos esta emoción expresándose a través del alma. El alma es el asiento de nuestras emociones. Mientras que en la segunda parte del verso nos dice "y en tanto que me durare el espíritu en medio de mí, madrugaré á buscarte." Aquí vemos al espíritu del hombre buscando establecer comunicación con Dios. ¿Pero cómo el espíritu del hombre se va a comunicar con Dios? El cerebro es donde se encuentra nuestra capacidad de aprender, donde guardamos el conocimiento y donde se encuentra nuestra capacidad de comunicación. El Apóstol Juan nos dice "Pero cuando viniere aquel Espíritu de verdad, él os guiará á toda verdad; porque no hablará de sí mismo, sino que hablará todo lo que oyere, y os hará saber las cosas que han de venir," (Juan 16:13). David nos habla de un espíritu que quiere buscar a Dios y Jesús nos habla de enviarnos al Espíritu de Dios, para comunicarse con nosotros, "y os hará saber las cosas que han de venir." Se va a comunicar con nosotros y nos va hacer entender, pensar, percibir, razonar. Por lo tanto, el asiento del espíritu está en nuestro cerebro y su función principal es el conocimiento. Otro punto esencial para entender el por qué lo primero que Bezaleel recibe es el Espíritu de Dios y no la capacidad artística. Y según sigamos avanzando en nuestro estudio sobre la ciencia o el conocimiento, veremos como éste se va trasformando más allá de una acumulación de datos o información.

Da`ath es también un nombre que viene de la raíz primitiva del verbo *yada*[2]. Es saber mediante la observación y la reflexión (pensamiento), pero también es saber a través de la experiencia con los sentidos, a través de la investigación y la prueba. La ciencia o el conocimiento abarca el área de la educación. Es el conjunto de datos, información, hechos, e ideas que una persona adquiere. Y este conocimiento puede ser adquirido de diversas formas. Es conocimiento obtenido mediante el estudio formal o tradicional, la investigación o la experiencia vivida a través de los cinco sentidos. Este conocimiento lo obtenemos a través de lo que vemos, oímos, tocamos, olemos, gustamos. Y se define también, como ese algo específico que aprendemos por medio de la razón o la facultad de pensar o reflexionar, o la información que adquirimos sobre una materia o área determinada.

Bezaleel necesitaba saber cómo preparar la madera, cómo conocer los distintos metales, las piedras preciosas y cómo tratarlos o manejarlos para lograr lo mejor de cada uno de ellos. Y posiblemente necesitó observar, experimentar, razonar y hacer un estudio formal de los mismos. Entiendo que como artistas, debemos estar interesados en continuar estudiando y desarrollando nuestro talento, sea a través de la observación y reflexión, estudios formales o mediante el conocimiento que nos llega a través de la experiencia. La inteligencia es una facultad de la mente, mientras que el conocimiento tiene que ver con el contenido de la mente.

QUE NOS DICE LA BIBLIA SOBRE EL CONOCIMIENTO

Primero que nada, nos dice que de la boca de Dios viene el conocimiento. (Proverbios 2:6) Y si de la boca salen las palabras, el conocimiento viene de las palabras que Dios habla. Y encontramos Sus palabras en las Sagradas Escrituras. Y el

Apóstol Pablo nos dice que en Dios Padre y en Cristo "están escondidos todos los tesoros de sabiduría y conocimiento," (Colosenses 2:2b-3). Una mirada a Génesis 1, durante la narración del proceso creativo, notamos que continuamente aparece la frase "Y dijo Dios." Y luego vemos a través de todo el capítulo que lo que El dijo con Su Palabra fue hecho realidad. Explorando la Biblia, sobre lo que dice en relación a la ciencia o el conocimiento, nos confirma que ésta estaba presente en la creación "Con su ciencia se partieron los abismos, Y destilan el rocío los cielos," (Proverbios 3:20).

La ciencia o el conocimiento está ligado a la sabiduría y es más importante que la plata y el oro "Recibid mi enseñanza, y no plata; Y ciencia antes que el oro escogido. . .Yo, la sabiduría, habito con la discreción, Y hallo la ciencia de los consejos," (Proverbios 8: 10, 12). Necesitamos esforzarnos para obtener el conocimiento, para aprender, no es un acto pasivo "Aplica tu corazón á la enseñanza," (Proverbios 23:12). Sin embargo, no es que Dios no quiere que tengas plata, oro, riquezas o bienes materiales. Creo que es cuestión de prioridades, porque nos dice "Y con ciencia se henchirán las cámaras de todo bien preciado y agradable," (Proverbios 24:4).

Y al igual que la sabiduría *(chokmah)* el conocimiento *(da'ath)* está ligado al temor de Jehová. Y Salomón comienza en el primer capítulo de Proverbios diciéndonos "El principio de la sabiduría *(da'ath)* *es* el temor de Jehová; los insensatos desprecian la sabiduría y la enseñanza," (Prov. 1:7). Y en Proverbios 9: 10 nos dice "Que el principio de la sabiduría *(chokmah)* es el temor de Jehová; y la ciencia *(da'ath)* de los santos es inteligencia." Y muchas veces notamos que al traducir del hebreo al español se intercambian las palabras, lo que indica la proximidad en relación de ambas.

CONOCIMIENTO REVELADO

¿Qué tipo de conocimiento es éste? ¿Podrá este tipo de conocimiento manifestarse en la vida del artista? Y como estamos hablando, no solamente, sobre los aspectos intelectuales del arte, sino los aspectos espirituales, quiero explorar el concepto de ciencia o conocimiento más allá de lo natural.

Revelación es lo que Dios nos da para que podamos ver más allá del conocimiento natural o adquirido por medio del estudio o la observación. Es develamiento o el remover lo que está oculto, lo que queremos ver, es descubrimiento, es información sobrenatural. Podríamos pensar en la luz y la obscuridad. Una vez que la luz aparece puedes ver lo que no veías en la oscuridad. Este tipo de conocimiento se le llama conocimiento revelado:

> Empero Dios nos lo reveló á nosotros por el Espíritu: porque el Espíritu todo lo escudriña, aun lo profundo de Dios. Porque ¿quién de los hombres sabe las cosas del hombre, sino el espíritu del hombre que está en él? Así tampoco nadie conoció las cosas de Dios, sino el Espíritu de Dios. Y nosotros hemos recibido, no el espíritu del mundo, sino el Espíritu que es de Dios, para que conozcamos lo que Dios nos ha dado; (1 Corintios 2: 10-12).

Es conocimiento que viene directamente del Espíritu de Dios y es depositado en nuestro espíritu y nos permite operar independientemente del conocimiento que viene a través de nuestros sentidos "Antes, como está escrito: Cosas que ojo no vió, ni oreja oyó, Ni han subido en corazón de hombre, Son las que ha Dios preparado para aquellos que le aman," (1 Corintios 2: 9).

Por ejemplo, vemos en Mateo 16 cuando Jesús le pregunta a los discípulos "¿quién dicen los hombres que es el Hijo del hombre?" Y las diversas respuestas no se hicieron esperar "Y ellos dijeron: Unos, Juan el Bautista; y otros, Elías; y otros; Jeremías, ó alguno de los profetas." A lo cual El les pregunta "Y vosotros, ¿quién decís que soy?" Y claro, Pedro inmediatamente salta con su respuesta que sigue repercutiendo hasta el día de hoy "Tú eres el Cristo, el Hijo del Dios viviente." Y es aquí donde vemos la manifestación de un conocimiento que no es ni por observación, reflexión, ni es a través de los sentidos. Jesús le dice inmediatamente a Simón Pedro "Bienaventurado eres, Simón, hijo de Jonás; porque no te lo reveló carne ni sangre, mas mi Padre que está en los cielos." Pedro recibió el conocimiento de que Jesús era el Cristo, el Hijo del Dios viviente, directamente del Espíritu de Dios a su espíritu.

Y es ese conocimiento que viene directamente del Espíritu de Dios es el que como artista busco. Por ejemplo, cuando el pueblo israelita fue llevado cautivo a Babilonia, el rey pidió:

> que trajese de los hijos de Israel, del linaje real de los príncipes, Muchachos en quienes no hubiese tacha alguna, y de buen parecer, y enseñados en toda sabiduría, y sabios en ciencia, y de buen entendimiento, é idóneos para estar en el palacio del rey; y que les enseñase las letras y la lengua de los Caldeos. (Daniel 1:3-4)

Y nos dice la Biblia que Daniel, Ananías, Misael y Azarías fueron escogidos. Y entendemos que fueron escogidos porque llenaban los requisitos que el rey pedía. Ellos eran jóvenes sabios en todo el sentido de la palabra. Sin embargo, nos dice la Palabra, que luego que Daniel propuso en su corazón no contaminarse y no comer de la comida del rey e hizo arreglo con el príncipe de los eunucos para que ninguno de ellos comiera de la comida del rey, nos dice el recuento bíblico que " al cabo de los diez días pareció el rostro de ellos mejor y más nutrido de carne, que los otros muchachos que comían de la ración de comida del rey," (Daniel 1:15). Pero eso no es todo, nos dice la Biblia "Y á estos cuatro muchachos dióles Dios conocimiento é inteligencia en todas letras y ciencia," (Daniel 1:17).

Si hacemos un análisis de este verso encontramos lo siguiente "Y á estos cuatro muchachos dióles Dios conocimiento (*madda*) é inteligencia en todas letras y ciencia," (Daniel 1:17). *Madda*[3] palabra que nos viene, al igual que *da'ath*, de la raíz hebrea *yada*. Y *madda* al igual que *yada* nos habla de conocimiento, pero en este caso, nos habla de un conocimiento interior, nos habla de la capacidad de discernir entre el bien y el mal y el saber que hacer. Por ejemplo, Salomón cuando oró pidiendo sabiduría dice la Biblia en 2 Crónicas 1:12ª "Sabiduría y ciencia (*madda*) te es dada" o sea, Dios, además de la sabiduría, le da ese conocimiento interior necesario para distinguir el bien del mal y para saber que es lo que tiene que hacer. Es la forma más alta de comunicación, de espíritu a espíritu. Y este es el conocimiento que buscamos.

El conocimiento secular es una actividad intelectual y es maravilloso. Continuamente me deleito leyendo y estudiando sobre la historia del teatro, vestuario o dramaturgia, pero yo quiero algo más y entiendo que cuando Dios le habla a Moisés y le dice que le ha dado ciencia, conocimiento a Bezaleel, estaba hablando no sólo sobre conocimiento de los materiales, sino de ese conocimiento sobrenatural, que va más allá de los sentidos naturales. Es un conocimiento que se obtiene a través del Espíritu Santo. El Espíritu de Dios, como en el principio cuando se movía sobre la faz de las aguas, se mueve sobre nuestro espíritu para darnos percepción y discernimiento espiritual y prepararnos para el acto creativo.

TRES PALABRAS CLAVES: SABIDURÍA, INTELIGENCIA Y LA CIENCIA

Encontramos que la sabiduría, la inteligencia (entendimiento) y la ciencia (conocimiento) forman parte de una trilogía de palabras que se repiten continuamente a través del libro de Proverbios, pero que también encontramos a través de la Biblia, incluyendo el Nuevo Testamento. Lo que me indica la importancia de las mismas, a la vez que se complementan y amplían el significado de una y otra.

En Isaías 11:2 vemos que las mismas forman parte de los siete espíritus que vendrían sobre el Mesías y si éste necesito del espíritu de sabiduría, entendimiento y conocimiento cuanto más nosotros "Y reposará sobre él el espíritu de Jehová; espíritu de sabiduría (*chokmah*) y de inteligencia (*biynah*), espíritu de consejo y de fortaleza, espíritu de conocimiento (da'ath) y de temor de Jehová," (Isaías 11:2). Y ya hemos visto como también es parte de los regalos o dones a Bezaleel, Aholiab y a todos aquellos que han de participar en la construcción del Tabernáculo.

Sin embargo, es importante notar, que esta capacitación a Bezaleel, Aholiab y demás sabios de corazón que hicieron el Tabernáculo no fueron exclusivas para ese momento histórico. Cuando el Rey Salomón fue a construir el templo y necesitó de un artista para trabajar en el mismo, nos dice la Palabra, se comunicó con Hiram, el Rey de Tiro y le dice:

He aquí yo tengo que edificar casa al nombre de Jehová mi Dios. . .. Y la casa que tengo que edificar, ha de ser grande.... Envíame pues ahora un hombre hábil, que sepa trabajar en oro, y en plata, y en metal, y en hierro, en púrpura, y en grana, y en cárdeno, y que sepa esculpir con los maestros que están conmigo en Judá y en Jerusalem, los cuales previno mi padre. (2 Crónicas 2:4-5, 7)

A lo cual, Hiram, Rey de Tiro le contesta:

Y ahora te envío a Hiram Abí, hombre **hábil (chakam, sabio), dotado (yada, conocimiento)** de **entendimiento (biynah),** hijo de una mujer de las hijas de Dan y cuyo padre es de Tiro, el cual **sabe (yada)** trabajar en oro, en plata, en bronce, en hierro, en piedra, en madera y en material de púrpura, violeta, lino y carmesí, y sabe hacer toda clase de grabados y cualquier diseño que se le asigne, para trabajar con tus expertos y con los expertos de mi señor David, tu padre. (el énfasis es nuestro, 2 Crónicas 2: 13-14)

Y nos dice:

Y el rey Salomón envió a buscar a Hiram de Tiro. Este era hijo de una viuda de la tribu de Neftalí, y su padre era un hombre de Tiro, artífice en bronce. Estaba lleno de **sabiduría (chokmah), inteligencia (tabuwn) y pericia (da'ath)** para hacer cualquier obra en bronce. Y él vino al rey Salomón e hizo toda su obra. (el énfasis es nuestro, 1 Reyes 7:13-14)

Continuamente, estas tres palabras aparecen juntas y tienden a mezclarse entre sí. Y están íntimamente relacionadas con el proceso creativo, ya sea en el momento de la creación, de la construcción del Tabernáculo o el Templo de Salomón. Nos dice la Proverbios 24:3 que "con sabiduría se edificará la casa, y con prudencia se afirmará; y con ciencia se llenarán las cámaras de todo bien preciado y agradable." Y no creo que se esté refiriendo solamente a una casa física, sino que esa casa puede ser tu proyecto artístico. Y aun más, con relación a nuestro proyecto artístico " Si Jehová no edificare la casa, en vano trabajan los que la edifican," (Salmo 127:1). Si Jehová no es el que lo edifica, inspira, levanta, en vano es mi trabajo, ya que entiendo que el mismo no tendrá un fundamento sólido y trascendental. Queremos desarrollar un arte que sea significativo, valioso, impactante.

Antes de continuar con las otras capacitaciones que Dios da a Bezaleel, podríamos decir a manera de resumen, que la sabiduría es el acto de poder tener la visión completa del proyecto, la inteligencia es el poder entender la información, poder distinguir o discernir lo verdadero de lo falso y el conocimiento tiene que ver con la información adquirida. La inteligencia es una facultad de la mente, naces con ella, mientras que el conocimiento es el contenido de la mente. Y es el Espíritu Santo quien hace la diferencia entre lo natural y lo sobrenatural. Es el Espíritu que habla a tu espíritu y te revela lo que no sabes, te da la información que no está al alcance de tus sentidos naturales. Y te capacita sobrenaturalmente para que puedas hacer uso de esa información en beneficio del proyecto que estás desarrollando o el problema que tienes que resolver.

NOTAS:

[1]Blue Letter Bible. "Dictionary and Word Search for *da`ath (Strong's 1847)*". Blue Letter Bible. 1996-2012. 11 Dec 2012. < http:// www.blueletterbible.org/lang/lexicon/ lexicon.cfm? Strongs=H1847&t=KJV >

[2]Blue Letter Bible. "Dictionary and Word Search for *yada` (Strong's 3045)*". Blue Letter Bible. 1996-2012. 11 Dec 2012. < http:// www.blueletterbible.org/lang/lexicon/ Lexicon.cfm? Strongs=H3045&t=KJV >

[3]Blue Letter Bible. "Dictionary and Word Search for *madda` (Strong's 4093)*". Blue Letter Bible. 1996-2012. 11 Dec 2012. < http:// www.blueletterbible.org/lang/lexicon/ lexicon.cfm? Strongs=H4093&t=KJV >

CAPITULO 8

Arte

y lo he henchido del Espíritu de Dios, en sabiduría
y en inteligencia, en ciencia y en todo artificio,
(Éxodo 31:3)

HABILIDAD Y TÉCNICA ARTÍSTICA

"Ylo he henchido de espíritu de Dios, en sabiduría, y en inteligencia, y en ciencia, y en todo artificio," (Éxodo 31: 3). El cuarto regalo es la habilidad y técnica artística, en otras palabras, la capacidad artística. La palabra artificio nos viene del hebreo *mala'kah*[1], quiere decir "obra, mano de obra." Al analizar la palabra en el contexto del tipo de "obra" que se iba a hacer o el tipo de "mano de obra" que se iba a necesitar, entendemos que se está hablando de habilidad y técnica artística "para inventar diseños, para trabajar en oro, y en la plata, y en el metal, y en artificio de piedras para engastarlas, y en artificio de madera; para obrar en toda suerte de labor," (Éxodo 31:4-5).

Aunque hay variedad de definiciones para el arte, podríamos decir, que el mismo puede considerarse como la actividad o facultad creadora del ser humano a través de la cual expresa ideas, emociones, valores o, una visón del mundo en particular. Para ello se hace uso del color, la forma, el lenguaje, el sonido y el movimiento, los cuales transforma y combina para producir una obra de arte única. La misma puede ser entre otros, una canción, una danza, una pintura, o una obra de teatro. El arte es un aspecto de la cultura y muchos historiadores consideran que el mismo tuvo en sus orígenes una función ritual o mágica, la cual fue transformándose hasta adquirir un componente estético y una función social. Es interesante notar, que la mayoría de las culturas antiguas, no conocían el concepto de creatividad. Para ellos el arte era básicamente una imitación.

Sin embargo, una mirada al primer capítulo y al primer versículo de la Biblia y encontramos la manifestación por excelencia de la creación, y como resultado de ello, de la actividad creativa y artística del Creador "EN el principio crió (*bara*) Dios los cielos y la tierra," (Génesis 1:1). *Bara*,[2] palabra hebrea que se traduce como crear. Es crear de la nada. Y si empleamos la definición de arte al producto que surge de ese primer acto de creación, vemos primeramente, que es una obra única. Los cielos y la tierra no existían antes de ese momento. Y los mismos, están repletos de colores, diversidad de materiales y sonidos, entre otros, los cuales expresan la visión de Dios para la humanidad. Dios creó un mundo lleno de belleza (componente estético), y lo creó, con un propósito definido.

Y en el maravilloso acto creativo del ser humano, Dios Creador "alentó en su nariz soplo de vida; y fue el hombre en alma viviente," (Génesis 2:7). Dios Creador impartió de Su Espíritu cuando formó al hombre, porque antes de crearlo ya había determinado como sería el mismo "Hagamos al hombre á nuestra imagen, conforme á nuestra semejanza," (Génesis 1:26a). Dios no estaba creando un robot mecánico. Y al concluir la obra creadora del ser humano el Espíritu de Dios, que inspiró al escritor del Génesis, pudo dar testimonio y decir "Y crió Dios al hombre á su imagen, á imagen de Dios lo crió; varón y hembra los crió," (Génesis 1:27). La creatividad es parte de la imagen de Dios en nosotros. Por lo tanto, hemos sido llamados a ser co-creadores con Dios.

Y en relación al propósito de la creación, nos dice el salmista "Los cielos cuentan la gloria de Dios," (salmos 19:1a). David nos habla del firmamento como evidencia del poder creador de Dios. En otras palabras, los cielos pregonan el esplendor, la grandeza y la hermosura de Dios. Y continua David diciendo, "Y la expansión denuncia la obra de sus manos (Salmo 19:1b)," la palabra hebrea para "la obra de sus manos" es *ma'aseh*.[3] Y *ma'aseh* nos habla de "acción, actividad, producto (específicamente un poema)." Esta definición, en particular "producto (específicamente un poema)," me llamó mucho la atención porque recordé haber visto esta palabra anteriormente relacionada también con el proceso creativo.

En Efesios 2:10 la Palabra nos dice "Porque somos hechura suya, criados en Cristo Jesús para buenas obras, las cuales Dios preparó para que anduviésemos en ella." Y si cogemos este texto bíblico y lo estudiamos más de cerca nos vamos a llevar una sorpresa. "Porque somos hechura," en griego es *póiēma*,[4] que quiere decir "producto, algo hecho" "criados," en griego es *ktid'zo*,[5] que quiere decir "creados." En otras palabras "Porque somos poema, creados en Cristo Jesús para buenas obras, las cuales Dios preparó para que anduviésemos en ella."

Porque somos poema, que hermoso, en otras palabras, somos el poema de Dios. Pero la palabra poema, no siempre tuvo la connotación que tiene en nuestros días. Es en la obra de Homero, poeta griego, al cual se le atribuyen los poemas épicos de la *Ilíada* y la *Odisea*, donde aparecen los primeros ejemplos que nos llegan hasta hoy en día de la palabra *poiéō*[6] o poesía. En sus comienzos la palabra era identificada como un verbo y significaba "hacer, fabricar, edificar." Poesía era entonces una actividad material, algo hecho con las manos. Esto nos da a entender que se hablaba de un objeto material. Era fabricar, construir algo partiendo de algo. En otras palabras, la manufactura de un producto. Por ejemplo, hacer o fabricar una mesa a partir de la madera.

Esta primera definición inmediatamente trajo a mi memoria varios versos del libro de Génesis, "Hagamos al hombre. . .," (Génesis 1:26); "Formó (*yasar*), pues, Jehová Dios al hombre del polvo de la tierra," (Génesis 2:7) y en Génesis 2:22, "Y de la costilla que Jehová Dios tomó, hizo una mujer." *Yasar*[7] significa "formar, moldear" y es usada para describir la actividad creadora de Dios. Así, pues, cuando Pablo escribe que "somos el poema de Dios" estaba describiendo la forma en la cual Dios nos creó. Nos hizo con sus propias manos. Dios creó un producto, el hombre, partiendo de otro, el polvo de la tierra. Y creó a la mujer, partiendo de la costilla del hombre. Nuevamente vemos un hacer a partir de otro producto ya hecho.

Hesíodo, poeta griego posterior a Homero usa la palabra poesía en el contexto de "traer a la existencia" de "crear." Vuelven nuevamente los versos de Génesis 1:27 a resonar en mi espíritu "Y crió Dios al hombre á su imagen, á imagen de dios lo crió." Pero Génesis 2:7 nos ofrece más luz sobre el acto creativo y nos dice "y alentó en su nariz soplo de vida; y fué el hombre en alma viviente."

Este proceso creativo es sumamente interesante, porque es verdad que Dios nos da forma del polvo de la tierra, pero a su vez, El es el creador de ese "polvo de la tierra." Dios crea "ex nihilo," crea de la nada, pero de ese material creado de la nada, le da forma al hombre. Quizás al formar al hombre con sus manos hizo un objeto o producto, pero en el momento que sopló en él "aliento de vida" le convirtió en un ser viviente y por lo tanto, le trajo "a la existencia." Es así, como poco a poco vamos descubriendo y profundizando en lo que quiere decir "somos el poema de Dios."

Aún durante la época de Homero, se entendía "poesía" como "colocar," como "situar en cierto lugar." Una mirada a Génesis 2:8 nos dice "Y había Jehová Dios plantado un huerto en Edén al oriente, y puso allí al hombre que había formado."

Heráclito, otro de los poetas griegos, usa el verbo como *poieîn* o poesía, como "principio," "comienzo." Lo que se crea comienza a existir en el mismo momento de la acción creadora. A la vez, que comienza a usarse el verbo para caracterizar una actividad artística. Y con Heródoto, aparece el sentido de "componer," de "escribir."

Como hemos visto, el lenguaje griego, como todo lenguaje no fue uno estático, sino que a medida que el mismo fue desarrollándose, muchas de sus palabras adquieren significados mucho más abarcadores. A medida que el lenguaje se desarrolla, surgen los sufijos. Los mismos son las letras que se agregan a la raíz de una palabra para formar una palabra. Así vemos que al añadir el sufijo *–sis* a *poieîn* obtenemos la palabra *poíesis*. Se ve entonces *poíesis* como "creación como tal," o sea, un proceso activo y el objeto de esa *poíesis* o acción creativa es el "poiema" o poema y poesía como toda la obra poética del poeta.

Por lo tanto, el poema, es la acción creadora de Dios. Somos el objeto de la acción creadora de Dios. Entiendo entonces que cuando el Apóstol Pablo dice que "somos el poema de Dios," está narrando en una sola palabra todo el proceso creativo de Dios.

Los sofistas se dedicaban al estudio y crítica de los poetas en Grecia. Hasta entonces, le estructura formal de la poesía, se caracterizaba por el metro, el ritmo y la aliteración. Se entendía además, que había un elemento sobrenatural en ella. Que la misma era "don de un poder superior, que trasciende los límites de la persona humana y por el que esta queda totalmente absorbida." Los sofistas realizan un doble cambio: en lugar de los sobrenatural aparece la sugestión psicológica estudiada de antemano y producida por una técnica. Gorgias, sofista, determina que la poesía viene del *logos*. De acuerdo a él, el *logos*, la Palabra, es la que conmueve, la que provoca alegrías o tristezas. Hemos visto como el concepto de poema ha ido profundizándose hasta convertirse en "creación por la palabra."

En Romanos 1:20 encontramos también la palabra poema. En este caso está usada en plural, "Porque las cosas invisibles de él, su eterna potencia y divinidad, se echan de ver desde la creación del mundo, siendo entendidas por las cosas que son hechas; de modo que son inexcusables." Las palabras "por las cosas que son hechas" son actualmente la palabra griega "poemas." Si volvemos a Génesis 1 encontramos repetidamente la frase, "Y dijo Dios." En Génesis 1:3, "Y dijo Dios: Sea la luz:

y fué la luz." Génesis 1:6,8, "Y dijo Dios: Haya expansión. . . Y llamó Dios á la expansión Cielos: y fué la tarde y la mañana el día segundo." Y así sucesivamente, hasta que se crea todo el universo. Dios creó el mundo a través de la Palabra.

El poeta y filósofo Platón, en su obra el Banquete, nos define lo que es creación de la siguiente manera:

> Este proceso creativo indica el acto "de traer al ser lo que antes no era." Es una fuerza creadora o acción suprema de Dios (*poíesis Theou*). Se trata pues de "hacer" algo que con anterioridad no existía. De acuerdo a Platón, la poesía provocaba el paso del no-ser al ser.

Así que entiendo que cuando el Apóstol Pablo escribe en Romanos 1:20, " Porque las cosas invisibles de él, su eterna potencia y divinidad, se echan de ver desde la creación del mundo, siendo entendidas por las cosas que son hechas; de modo que son inexcusables." El Apóstol Pablo les señalaba de un mundo que fue creado por la Palabra, por ese ser supremo, el Dios no conocido, llamado Jehová:

> Porque pasando y mirando vuestros santuarios, hallé también un altar en el cual estaba esta inscripción: AL DIOS NO CONOCIDO. Aquél pues, que vosotros honráis sin conocerle, á éste os anuncio yo. El Dios que hizo el mundo y todas las cosas que en él hay, éste, como sea Señor del cielo y de la tierra, no habita en templos hechos de manos, (Hechos 17:23-24)

En síntesis, la evolución de la palabra "poema" no solo describe el aspecto inmediato de crear, sino que nos narra en si toda la historia de la creación (universo y hombre) identificando a Jehová-Dios, como el Dios Creador, realizador de dos hermosas obras de arte, una a través de la Palabra, el universo y la otra a través de sus propias manos, el ser humano. Y le identifica como Poiesis Theou, Dios Creador.

Y me llama la atención, que los grandes pensadores griegos necesitaron siglos para explicar el proceso creativo. Y no es que Dios necesite de los griegos para entender que fue lo que El hizo cuando dice "En el principio crio Dios los cielos y la tierra." Es que los griegos necesitaron siglos de estudios, debates y explicaciones para entender el proceso creativo, el proceso artístico. No, el arte no comienza con las civilizaciones antiguas, ni con los griegos, ni su origen estuvo en el ritual o la magia. El arte comienza con Dios Creador. Y es ese Dios Creador que le dice a Moisés que ha puesto habilidad artística en Bezaleel, Aholiab y en todo sabio de corazón, para que puedan hacer el trabajo artístico que El mismo había diseñado y había que hacerlo conforme a todo lo que El le había mostrado, (Éxodo 25:9).

Y aunque desde el exterior, el diseño del Tabernáculo se vería sencillo, el mismo iba a atesorar dentro de si magníficas piezas que representarían toda la belleza y esplendor de Dios. Piezas que estarían hechas de materiales costoso, y a la misma vez, serían hermosas piezas de arte. Ejemplo de ello, el Arca del Testimonio, toda hecha en madera de acacia y cubierta de oro puro por dentro y por fuera. Y su cornisa, anillos y varas también cubiertos de oro puro. Y una cubierta con dos hermosos querubines sobre la cubierta y todo hecho de una sola pieza en oro puro también. Allí no habían añadiduras, era una sola pieza maravillosamente creada. Y me imagino que tendría que ser de tal majestuosidad, porque sería la pieza que iría en el Lugar Santísimo y Dios le promete a Moisés que "allí me declararé a ti, y hablaré contigo de sobre la cubierta, de entre los dos querubines que están sobre el arca del testimonio, todo lo que yo te mandare para los hijos de Israel," (Éxodo 25:22).

MAS ALLÁ DEL TABERNÁCULO

Entiendo que la manifestación artística en las Escrituras es abundante. Una mirada general al arte en la Biblia y encontramos diversidad de expresiones artísticas. Veamos, por ejemplo, algunas de ellas. En relación a la música, desde los comienzos de la humanidad vemos que la Biblia nos da testimonio, no solo de la música, sino también de la confección de instrumentos musicales. Nos dice que Jubal fue el creador de instrumentos musicales, instrumentos de cuerda e instrumentos de vientos "Y Ada dio a luz a Jabal, . . .Y el nombre de su hermano fue Jubal, el cual fue padre de todos los que tocan arpa y flauta," (Génesis 4:20-21).

La música era parte vital en la escuela de profetas:

> Después de esto llegarás al collado de Dios donde está la guarnición de filisteos; y cuando entres allá en la ciudad encontrarás una compañía de profetas que descienden del lugar alto, y delante de ellos salterio, pandero, flauta y arpa, y ellos profetizando. (I Samuel 10:5)

> Más ahora traedme un tañedor (músico). Y mientras el tañedor tocaba, la mano de Jehová vino sobre Eliseo. (2 Reyes 3:15)

Otra manifestación artística que vemos desde las primeras páginas de la Biblia, es la danza "Y María la profetisa, hermana de Aarón, tomó un pandero en su mano, y todas las mujeres salieron en pos de ella con panderos y danzas," (Éxodo 15:20).

Y, tal vez uno de los tesoros escondidos que he descubierto, es sobre el uso del arte y la educación, el cual, por lo regular se asocia con el teatro medieval y el uso del arte como instrumento educativo en el siglo 20. Durante la Época Medieval, las autoridades eclesiásticas comenzaron a usar el teatro para enseñar las historias bíblicas y sus valores espirituales al pueblo a través de dramas religiosos llamados misterios. Y ha mediados del siglo veinte, surge un movimiento educativo, tanto en los Estados

Unidos como en Inglaterra que entiende que las artes pueden ser un instrumento educativo eficaz. Sin embargo, nuevamente, una mirada a las Escrituras, nos muestra que Jehová Dios ya sabía de ello. Dios le dice a Moisés "Ahora, pues, escribíos este cántico, y enséñalo á los hijos de Israel: ponlo en boca de ellos, para que este cántico me sea por testigo contra los hijos de Israel," (Deuteronomio 31:19). Y nos dice las Escrituras que Moisés, no solo escribió el cántico, sino que se lo enseñó a los hijos de Israel, (Deuteronomio 31:22).

Y me pregunto, ¿por qué en específico escribir un cántico y enseñarlo al pueblo? Ellos ya tenían los diez mandamientos, tenían otra serie de leyes, tenían el Tabernáculo y, sobre todo, habían visto las maravillas de Dios. Sin embargo, Dios entiende algo sobre el arte, que tal vez Moisés no sabía y que le tomó a los educadores y artistas siglos en comprender "Y será que cuando le vinieren muchos males y angustias, entonces responderá en su cara este cántico como testigo, pues no caerá en olvido de la boca de su linaje: porque yo conozco su ingenio, y lo que hace hoy antes que le introduzca en la tierra que juré," (Deuteronomio 31:21). La frase "entonces responderá en su cara este cántico como testigo, pues no caerá en olvido de la boca de su linaje." El cántico no sería fácil de olvidar. Y en una época, donde la escritura era limitada, no había libros, grabadoras, CD's o ipods, Dios sabía que la música era la manera más segura de que el pueblo no olvidara lo que El había hecho por ellos. Y estudios en el área de la música y la memoria, confirman que la música mejora y estimula la memoria.

PARA HONRA Y HERMOSURA

Definitivamente, Bezaleel y sus compañeros necesitaron del regalo del arte, necesitaron de ese toque de excelencia que da el Espíritu de Dios y de ese virtuosismo artístico que le otorgó la capacitación artística y todo sería hecho para "honra y hermosura," (Éxodo 28:2,40).

NOTAS:

[1]Blue Letter Bible. "Dictionary and Word Search for m⊠la'kah *(Strong's 4399)*". Blue Letter Bible. 1996-2012. 11 Dec 2012. < http:// www.blueletterbible.org/lang/ lexicon/lexicon.cfm? Strongs=H4399&t=KJV >

[2]Blue Letter Bible. "Dictionary and Word Search for *bara' (Strong's 1254)*". Blue Letter Bible. 1996-2012. 11 Dec 2012. < http:// www.blueletterbible.org/lang/lexicon/ lexicon.cfm? Strongs=H1254&t=KJV >

[3]Blue Letter Bible. "Dictionary and Word Search for *ma`aseh (Strong's 4639)*". Blue Letter Bible. 1996-2012. 11 Dec 2012. < http:// www.blueletterbible.org/lang/ lexicon/lexicon.cfm? Strongs=H4639&t=KJV >

[4]Blue Letter Bible. "Dictionary and Word Search for *poiēma (Strong's 4161)*". Blue Letter Bible. 1996-2012. 11 Dec 2012. < http:// www.blueletterbible.org/lang/lexicon/ lexicon.cfm? strongs=G4161&t=KJV >

[5]Lexicons - New Testament Greek Lexicon - New Testament Greek Lexicon - King James Version - Ktizo <http://www. biblestudytools.com/search/?q=ktid'zo&s=References&rc =LEX&rc2=LEX+GRK>

[6]Blue Letter Bible. "Dictionary and Word Search for *poieō (Strong's 4160)*". Blue Letter Bible. 1996-2012. 11 Dec 2012. < http:// www.blueletterbible.org/lang/lexicon/ lexicon.cfm? Strongs=G4160&t=KJV >

[7]Blue Letter Bible. "Dictionary and Word Search for *yatsar (Strong's 3335)*". Blue Letter Bible. 1996-2012. 11 Dec 2012. < http:// www.blueletterbible.org/lang/lexicon/ lexicon.cfm? Strongs=H3335&t=KJV >

CAPITULO 9

Y el que pueda enseñar

y lo he henchido del Espíritu de Dios, en sabiduría
y en inteligencia, en ciencia y en todo artificio,
(Éxodo 31:3, RVR)

Y ha puesto en su corazón el que pueda enseñar
(Éxodo 35:34a

Y EL QUE PUEDA ENSEÑAR

"Y ha puesto en su corazón el que pueda enseñar," (Éxodo 35:34a). El enseñar es parte del llamado artístico. Cuantos artistas sueñan con desarrollar una carrera en la cual se puedan dedicar a su arte solamente. Sin embargo, al explorar el llamado de Bezaleel encontramos la enseñanza como uno de los dones que Jehová Dios le da a Bezaleel. Así pues, Bezaleel fue inspirado por Dios "a enseñar" a otros los elementos artísticos necesarios para la construcción del Tabernáculo.

La palabra hebrea para enseñar es *yarah*[1] y significa "tirar, señalar, enseñar." Algunos estudiosos del hebreo entienden que la palabra fue evolucionando poco a poco y de la idea de "lanzar" o de "echar," por ejemplo, el ejército de Faraón en el mar, la palabra va desarrollándose hasta significar "señalar." Por ejemplo, los dedos son lanzados en una dirección determinada para señalar algo. A partir de este significado, se convierte en el concepto de que la enseñanza es el "punto de señalar" los hechos y la verdad.

Me parece extraordinario que Bezaleel recibiera el don de la enseñanza de parte de Jehová Dios. Una mirada al Nuevo Testamento, encontramos en Romanos 12 que Dios el Padre nos da una serie de dones y entre ellos está el de la enseñanza.

Por otro lado, si hay maestros tiene que haber estudiantes. Se necesita conocer la técnica de cómo trabajar el medio artístico en el cual tienes la habilidad. Entiendo que Dios da el don de la enseñanza porque el aprendizaje es importante y necesario. No puede haber maestros sin estudiantes. Y ha veces somos muy rápidos en juzgar como orgullosos, o falta de la unción a aquellas personas que estudian. Sin embargo, cuando la Biblia dice "porque la letra mata, mas el espíritu vivifica," (2 Corintios 3:6), no nos está hablando de estudios seculares, sino la diferencia entre la ley y la gracia. El código legal del antiguo pacto produce muerte espiritual, contrario a la vida que produce por el Espíritu el nuevo pacto.

Si Dios te llamó a cantar, estudia canto y si te llamó a danzar, estudia danza. Y entiendo, que puedes comenzar a desarrollar tu talento poco a poco, todos tenemos un principio. Sin embargo, entiendo que el estudio es importante para desarrollar el talento. He conocido personas que me han dicho "yo no estudio, porque el talento que tengo me lo dio Dios." Perfecto. Dios te dio el talento y junto con el talento la responsabilidad de desarrollarlo, sino recordemos la parábola de los diez talentos (Mateo 25:14-40). Y si es cierto que te dio un talento que no tienes que desarrollarlo, porque te lo dio ya completamente desarrollado, todos seremos testigo de ello y nos gozaremos juntos y Dios será glorificado a través del mismo. Pero cuando me siento a ver lo que tienes que ofrecer, y lo que veo es una manifestación artística que carece de un nivel de excelencia, entonces me pregunto si es arrogancia, ociosidad o si te has equivocado de vocación.

Y por aquello de dejar aclarado lo del estudio, no estoy sólo hablando de estudios universitarios. Puedes tomar clases con maestros independientes, en talleres que ofrece la iglesia, o en la comunidad o institutos de artes, entre otros. Puedes comenzar con una sola clase o de aprendiz en un grupo, la idea es que ese regalo que Dios ha puesto en ti, lo desarrolles y lo lleves a niveles de excelencia. De manera que aún aquellos que no conocen a Dios puedan decir como el Faraón cuando José interpretó sus sueños "¿Hemos de hallar otro hombre como éste, en quien haya espíritu de Dios?," (Génesis 41:38).

NOTAS:

[1]Blue Letter Bible. "Dictionary and Word Search for *yarah (Strong's 3384)*". Blue Letter Bible. 1996-2012. 11 Dec 2012. < http:// www.blueletterbible.org/lang/lexicon/ lexicon.cfm? Strongs=H3384&t=KJV >

CUARTA PARTE

LA CORRUPCIÓN DEL ARTE

CAPITULO 10

Corrupción y Rebelión

Levántate, haznos dioses que vayan delante de nosotros;
porque á este Moisés, aquel varón que nos sacó de la
tierra de Egipto, no sabemos qué le haya acontecido;
(Éxodo 32:1).

CORRUPCIÓN DEL ARTE: EL BECERRO DE ORO

Hemos visto como Dios llamó y capacitó a Bezaleel, Aholiab y a mujeres y hombres sabios de corazón para hacer el Tabernáculo. Antes de ver en detalle cómo éstos respondieron a la tarea que Dios les asignó, veamos tres ejemplos de otros que de igual manera fueron llamados y separados para un trabajo en particular y cómo respondieron al llamado.

El capítulo 32 de Éxodo nos narra de un evento desafortunado que ocurre en el campamento de los israelitas durante el encuentro de Moisés con Jehová Dios en el Monte Sinaí. Recordemos que este encuentro fue sumamente significativo para el pueblo. En esta reunión, Moisés recibe los Diez Mandamientos, las leyes, el pedido por parte de Dios de que se le construya un Tabernáculo, el modelo e instrucciones de cómo hacerlo y quiénes lo harían. Consciente de que como líder no debía dejar al pueblo sin un personal apropiado para tomar decisiones en su ausencia, Moisés le dice a los ancianos que estaban con él, "he aquí Aaron y Hur están con vosotros; el que tuviere negocios, lléguese a ellos," (Éxodo 24:14). Y eso fue exactamente lo que el pueblo hizo.

HAZNOS DIOSES

Nos dice la Biblia que cuando el pueblo vio que Moisés tardaba se acercaron a el Sacerdote Aarón y le dijeron "Levántate, haznos dioses que vayan delante de nosotros; porque á este Moisés, aquel varón que nos sacó de la tierra de Egipto, no sabemos qué le haya acontecido," (Éxodo 32:1). He inmediatamente de esta petición del pueblo a Aarón, éste les da las siguientes instrucciones "Y Aarón les dijo: Apartad los zarcillos de oro que están en las orejas de vuestras mujeres, y de vuestros hijos, y de vuestras hijas, y traédmelos," (Éxodo 32: 2). Me parece que Aarón, presionado por el pueblo, cede ante la presión del mismo. Dice la Palabra, que el pueblo obedeció las instrucciones "Entonces todo el pueblo apartó los zarcillos de oro que tenían en sus orejas, y trajéronlos á Aarón," (Éxodo 32: 3).

Y la Biblia es explícita, cuando describe la participación del sacerdote Aarón en la recolección de los zarcillos "**El cual los tomó de las manos de ellos,**" (énfasis mío. Éxodo 32:4a). Y la Biblia continúa la narración en detalles, sobre el envolvimiento del sacerdote Aarón en el proceso y nos dice, hablando de lo que hizo Aarón con los zarcillos de oro "y formólo con buril, é hizo de ello un becerro de fundición," (Éxodo 32:3b). Es entonces que dijeron, posiblemente los mismos que pidieron que se construyesen dioses "Israel, estos son tus dioses, que te sacaron de la tierra de Egipto," (Éxodo 32: 4c).

Y continua el relato bíblico y nos dice "Y viendo esto Aarón, edificó un altar delante del becerro; y pregonó Aarón, y dijo: Mañana será fiesta á Jehová," (Éxodo 32: 5). Me llama la atención la frase, "Y viendo esto Aarón." Es como si en ese momento, al igual que cuando la Biblia nos habla del hijo prodigo y nos dice "y volviendo en si, dijo," (Lucas 15:17). En otras palabras, es como si Aarón reaccionara y volviera en si y con la edificación del altar delante del becerro quisiese cambiar lo hecho o tornar al pueblo en otra dirección. Y al día siguiente el pueblo no se hizo esperar con la celebración "madrugaron, y ofrecieron holocaustos, y presentaron pacíficos: y sentóse el pueblo á comer y á beber, y levantáronse á regocijarse," (Éxodo 32: 6).

Hay quienes opinan que al hacer el becerro no era para apartarse de Jehová, sino una manera de que sirviera para conmemorar la presencia de Dios, pero al continuar leyendo el capítulo 32 nos damos cuenta que este "aparente simbolismo" o mezclar una celebración con la otra no fue del agrado de Jehová Dios.

Nos dice las Escrituras que Jehová habló a Moisés y le dijo "Anda, desciende, porque tu pueblo que sacaste de la tierra de Egipto se ha corrompido," (ver. 7). Cuando algo se corrompe nos habla de algo que se pervierte, que se daña, que envenena, por lo tanto, no es de sorprendernos que Dios le dice a Moisés "tu pueblo." Me parece que inmediatamente Jehová establece, marca la separación entre El y el pueblo, ya que con la acción tomada habían pervertido el propósito divino. Pero Dios le continúa hablando a Moisés y le explica lo que está pasando "Presto se han apartado del camino que yo les mandé, y se han hecho un becerro de fundición, y lo han adorado, y han sacrificado á él, y han dicho: Israel, estos son tus dioses, que te sacaron de la tierra de Egipto," (ver. 8). Que dolor en el corazón de Dios. Y que diferentes las palabras del pueblo de Israel a las palabras que Jehová mismo le había dicho a Moisés días antes " Vosotros visteis lo que hice á los Egipcios, y cómo os tomé sobre alas de águilas, y os he traído á mí," (Éxodo 19:4).

Pero, la conversación de Dios con Moisés sigue, y Dios entonces presenta su resolución a Moisés "Yo he visto á este pueblo, que por cierto es pueblo de dura cerviz: Ahora pues, déjame que se encienda mi furor en ellos, y los consuma: y á ti yo te pondré sobre gran gente," (Éxodo 32: 9-10). Ante tal dictamen, ¿qué decir? Moisés entiende el veredicto de Dios sobre el pueblo, un pueblo que según Dios mismo es reacio para reconocer sus errores y que una vez que se decide por las acciones a seguir no mira atrás. Un pueblo que no puede doblegar su rostro en señal de humildad ante el Dios que le libertó. Sin embargo, Moisés no toma en consideración la oferta que le hace Dios "Ahora pues, déjame que se encienda mi furor en ellos, y los consuma: y á ti yo te pondré sobre gran gente." Por el contrario, Moisés intercede por el pueblo y es a través de su intercesión que comenzamos a ver el carácter de Moisés revelado. Ya que es en los momentos de crisis donde se manifiesta quien realmente somos. Es por eso que la Biblia nos dice:

> Y nunca más se levantó profeta en Israel como Moisés, á quien haya conocido Jehová cara á cara; En todas las señales y prodigios que le envió Jehová á hacer en tierra de Egipto á Faraón, y á todos sus siervos, y á toda su tierra; Y en toda aquella mano esforzada, y en todo el espanto grande que causó Moisés á ojos de todo Israel.
> (Deuteronomio 34:10-12)

Así, que en el momento de crisis, donde Dios estaba dispuesto a levantar un nuevo pueblo para él, Moisés está más preocupado por el honor e integridad de Dios que por su propio provecho. Moisés intercede ante la presencia de Jehová por el pueblo "Oh Jehová, ¿por qué se encenderá tu furor en tu pueblo, que tú sacaste de la tierra de Egipto con gran fortaleza, y con mano fuerte?" (Éxodo 32:11). Que sabio Moisés, lo primero que le recuerda a Dios es que este es "Tu pueblo y no el mío" y le continúa diciendo "fuiste Tu quien le sacó con gran poder y mano fuerte de Egipto." Haciendo, de esta forma referencia, a las palabras que Dios mismo le había dicho. Y continúa Moisés:

> ¿Por qué han de hablar los Egipcios, diciendo: Para mal los sacó, para matarlos en los montes, y para raerlos de sobre la haz de la tierra? Vuélvete del furor de tu ira, y arrepiéntete del mal de tu pueblo. Acuérdate de

Abraham, de Isaac, y de Israel tus siervos, á los cuales has jurado por ti mismo, y dícholes: Yo multiplicaré vuestra simiente como las estrellas del cielo; y daré á vuestra simiente toda esta tierra que he dicho, y la tomarán por heredad para siempre." (vers. 12-13)

Nos dice entonces la Palabra que Dios se arrepintió del mal que le iba a hacer a su pueblo, en otra palabras, la oración de Moisés movió a Dios a misericordia, (ver. 14).

MOISÉS BAJA DEL MONTE

Luego de la oración, Moisés desciende del monte, trayendo consigo las Tablas de la Ley, (ver. 15). Josué, que en ese entonces era su asistente, al oir el clamor del pueblo le dice a Moisés "Alarido de pelea hay en el campo," (ver. 17). Sin embargo, Moisés que ya sabía que era lo que estaba pasando le contesta "No es eco de algazara de fuertes, ni eco de alaridos de flacos: algazara de cantar oigo yo," (ver. 18). En otras palabras, aquí no hay ninguna pelea, aquí lo se está es cantando porque estean de fiesta. Pero estoy segura, que todo lo que se había imaginado Moisés no comparaba con lo que sus ojos iban a presenciar. Tal es así que nos dice la Palabra "que como llegó él al campo, y vió el becerro y las danzas, enardeciósele la ira á Moisés, y arrojó las tablas de sus manos, y quebrólas al pie del monte," (ver. 19). Es importante recordar que estas tablas "eran obra de Dios, y la escritura era escritura de Dios grabada sobre las tablas," (ver. 16). Esto nos da una idea de la magnitud de la ira de Moisés. Creo que ni se acordó que lo que traía en sus manos era algo sagrado, escrito por la misma mano de Dios. Tal fue su ira ante lo que sus ojos contemplaban. Y nos continúa diciendo que Moisés quemó el becerro y lo molió hasta reducirlo a polvo, lo esparció sobre las aguas y se lo dio a beber al pueblo, (ver. 20). Luego que Moisés hubo destruido el becerro de oro, confronta a Aarón y le dice "¿Qué te ha hecho este pueblo, que has traído sobre él tan gran pecado?," (ver. 21).

A la pregunta de Moisés, Aarón le contesta "No se enoje mi señor; tú conoces el pueblo, que es inclinado á mal," (ver. 22). Una respuesta completamente diferente de la que dio Moisés a Jehová. O sea, aquí Aarón le echa inmediatamente la culpa al pueblo, y aunque podemos entender que fue el pueblo quien primeramente le puso presión a Aarón, éste cedió a sus pedidos. Así, que en el último análisis, era tan culpable como el pueblo. Y continúa hablando Aarón a Moisés "Porque me dijeron: Haznos dioses que vayan delante de nosotros, que á este Moisés, el varón que nos sacó de tierra de Egipto, no sabemos qué le ha acontecido. Y yo les respondí: ¿Quién tiene oro? Apartadlo. Y diéronmelo, y echélo en el fuego, y salió este becerro," (vers. 23-24). Me parece tan interesante el contraste de lo que dice este versículo, con lo que dice el versículo 4. En el versículo 4, nos explica, como Aarón, utilizando un buril, el cual es un instrumento manual para cortar o marcar material usando un martillo para darle golpes o la palma de la mano, le da forma al becerro "y le dio forma con buril, e hizo de ello un becerro de fundición." Sin embargo, le dice a Moisés "y lo eché en el fuego, y salió este becerro." El recuento bíblico nos dice que le dio forma con un buril, o sea, Aarón mismo, con sus propias manos dedicó tiempo y esfuerzo para esculpir el becerro y no algo tan sencillo como tirar el oro al fuego y, como por arte de magia, salió el becerro.

Aquí vemos una escultura, hecha de oro, que es reverenciada como un dios. La escultura es considerada parte de las artes visuales. La escultura en si no es ni mala ni buena, el becerro en si, no es malo ni bueno, lo que va a determinar su utilidad es el propósito, visión o contenido del proyecto u objeto de arte. El problema en esta escultura no era que tuviera forma de un animal o que estuviera hecha de oro, el problema fue que se usó para sustituir a Dios "NO haréis para vosotros ídolos, ni escultura, ni os levantaréis estatua, ni pondréis en vuestra tierra piedra pintada para inclinaros á ella: porque yo soy Jehová vuestro Dios," (Levítico 26:1). Las artes visuales fueron utilizadas de forma incorrecta. Más aún, el don del lenguaje es usado para brindar adoración a un dios falso, porque hubo cánticos y alabanzas al becerro. La danza, la música y los cantos se alejaron del propósito original. Los mismos talentos y habilidades que Bezaleel usaría para honrar y glorificar a Dios, los vemos aquí usados para la idolatría. La fabricación del becerro constituyó también una afrenta al liderazgo de Moisés. Y como resultado de esta acción murieron 3,000 hombres.

REBELIÓN CONTRA EL LIDERATO DE MOISÉS

Dios separa a la tribu de Leví para el ministerio del Tabernáculo. Y aunque en este caso no hablaremos específicamente del arte, pero Coré y demás seguidores estuvieron bajo el liderato de Moisés al igual que Bezaleel. Así, que veamos como responden éstos al liderato de Moisés y al llamado de Dios.

Dios habla a Moisés y le dice "Haz llegar á la tribu de Leví, y hazla estar delante del sacerdote Aarón, para que le ministren," (Números 3:6). Ellos iban a estar cargo de todas las obligaciones, iban a ser ayuda para el sacerdote Aarón. También iban a estar a cargo de guardar los muebles y los utensilios. Dios dedica a los levitas para el servicio de Aarón y sus hijos "Y darás los Levitas á Aarón y á sus hijos: le son enteramente dados de entre los hijos de Israel," (ver. 9). Adicional a esto, Dios le hace una importante distinción a los levitas cuando expresa que ellos tomarán el lugar de los primogénitos:

> Y he aquí yo he tomado los Levitas de entre los hijos de Israel en lugar de todos los primogénitos que abren la matriz entre los hijos de Israel; serán pues míos los Levitas: Porque mío es todo primogénito; desde el día que yo maté todos los primogénitos en la tierra de Egipto, yo santifiqué á mí todos los primogénitos en Israel, así de hombres como de animales: míos serán: Yo Jehová. (vers. 12-13)

143

Y luego de este llamado, Dios manda a preparar un censo específicamente para los hijos de Leví. Y los nombres de los hijos de Leví fueron: Gersón, Coath y Merari. Y cada uno de ellos tenían sus respectivos descendientes. A cada uno de estos tres grupos de familias, se les daría su respectivo lugares donde acampar y sus respectivas tareas con relación al Tabernáculo.

Las familias de Gersón iban a acampar detrás del Tabernáculo y estarían a cargo de el Tabernáculo y la tienda, su cubierta, el velo de la entrada del Tabernáculo, las cortinas del atrio, el velo para la entrada del atrio que está alrededor del Tabernáculo y el altar, y las cuerdas y todo su servicio.

Las familias de los hijos de Merari iban a acampar al lado norte del Tabernáculo. A cargo de ellos estaba el maderaje del Tabernáculo, sus barras, sus columnas, sus basas, todos sus enseres y el servicio relacionado con ellos, las columnas alrededor del atrio con sus basas, sus estacas y sus cuerdas.

Las familias de los hijos de Coat iban a acampar al lado sur del Tabernáculo. A cargo de ellos estaba el arca, la mesa, el candelero, los altares, los utensilios del santuario con que ministran, el velo y todo su servicio. La familia de los hijos de Coat, también iba a estar a cargo del Arca, y el Arca se encontraba en el Lugar Santísimo. Debido a ello, Dios da instrucciones a Moisés para proteger a la familia. De esta forma, la familia no sería cortada de entre los levitas durante su trabajo con las cosas santas y el lugar santísimo "Mas esto haréis con ellos, para que vivan, y no mueran cuando llegaren al lugar santísimo: Aarón y sus hijos vendrán y los pondrán á cada uno en su oficio, y en su cargo. No entrarán para ver, cuando cubrieren las cosas santas; que morirán," (Números 4:19-20). Recordemos, un paso en falso, era equivalente a muerte.

Hemos visto, como Jehová separó la tribu de Leví para su servicio en el Tabernáculo, le dio un lugar a cada grupo de familia alrededor del mismo, les dio tareas y responsabilidades y hasta les protegió, con consejos especiales para que no perecieran haciendo su labor, por delicada que fuera.

REBELIÓN CONTRA MOISÉS Y AARÓN

Sin embargo, nos narra la Biblia que Coré, el cual pertenecía a la familia de Coath, hijo de Leví junto con Dathán, Abiram, y Hon organizaron a un grupo de personas y se levantaron en contra de Moisés. El grupo en total era de 250 varones de los hijos de Israel. Los cuales dice la Biblia, eran "príncipes de la congregación, de los del consejo, varones de nombre," (Números 16:2), en otras palabras, eran líderes. Y levantaron una acusación contra Moisés y Aarón. Y esta fue la acusación que presentaron ante ellos "Básteos, porque toda la congregación, todos ellos son santos, y en medio de ellos está Jehová: ¿por qué, pues, os levantáis vosotros sobre la congregación de Jehová?," (Números 16:1-3).

Coré y sus seguidores se oponían al liderato de Moisés. Coré estaba actuando como si él fuera el que representaba al pueblo y sus intereses. La verdad es, que posiblemente, estaba buscando una posición para si mismo. Coré le reclamó a Moisés que toda la congragación era santa, y por lo tanto, podían oír de Dios directamente, por lo tanto, el liderazgo de Moisés no era necesario. Es interesante notar que en esos momentos, la nación estaba en formación y, no tan solo necesitaban un liderazgo fuerte, necesitaban un intercesor. Alguien que clamara por ellos y que Jehová respondiera al clamor. Pero Coré no podía entender la verdadera necesidad del pueblo, porque él no era un verdadero líder. Coré acuso a Moisés de orgullo y de estar buscando su propia promoción. La verdad era que Moisés no tenía aspiraciones para la posición que ocupaba. Sencillamente, Dios llamo a Moisés. A un nivel humano, Coré fue exitoso porque 250 líderes lo siguieron. Tal vez lidiar con Coré era difícil, pero trabajar con 250 lideres que no tuvieron el discernimiento para oponerse a Coré es doloroso.

RESPUESTA DE MOISÉS A CORÉ

Ante el ataque de Coré a Moisés, éste hizo lo que siempe hacía, se postro sobre su rostro. Y estoy segura que en esos momentos buscó la dirección de Dios. Pero inmediatamente, Moisés se dirige a Coré y el resto del grupo y les lanza un reto. Estoy segura que en ese momento en el cual se postró sobre su rostro oyó la voz de Dios, y les dice "Mañana mostrará Jehová quién es suyo" (Números 16:5). Y le indica qué es lo que tienen que hacer para presentarse ante Jehová "Haced esto: tomad incensarios, Coré y todo su séquito: Y poned fuego en ellos, y poned en ellos sahumerio delante de Jehová mañana; y será que el varón á quien Jehová escogiere, aquel será el santo: básteos esto, hijos de Leví," (Números 16:6-7). Moisés les habla con la autoridad y la seguridad de quien se sabe llamado por Dios y por lo tanto, tiene el respaldo Divino.

Y Moisés, luego de lanzarles el reto al grupo, se dirigie a Coré y a todos los que estaban en el grupo y eran de la tibu de Leví, y les recuerda el llamado que habían tenido de parte de Dios "¿Os es poco que el Dios de Israel os haya apartado de la congregación de Israel, haciéndoos allegar á sí para que ministraseis en el servicio del tabernáculo de Jehová, y estuvieseis delante de la congregación para ministrarles?," (Números 16:9). Y Moisés les continúa hablando, y en la siguiente frase, encuentro una nota reveladora "¿Y que te hizo acercar á ti, y á todos tus hermanos los hijos de Leví contigo; para que procuréis también el sacerdocio?," (ver. 10). Este era el problema, Dios los había llamado, pero ellos no querían el ministerio de servir que Dios les había dado. Ellos querían ser sacerdotes como Aarón. Y el hecho de que montarán esta rebelión me da a entender que no tenían el carácter necesario para ser sacerdotes. Y es interesante lo que Moisés continua diciéndoles, realmente, Aarón no es nadie de importancia, ustedes se están rebelando contra Dios "Por tanto, tú y todo tu séquito sois los que os juntáis contra Jehová: pues Aarón, ¿qué es para que contra él murmuréis?," (vers. 11).

DESAFÍO A MOISÉS: DATAN Y ABIRAM HABLAN POR LOS REBELDES

Moisés envió a llamar Datan y Abiram, hijos de Eliab, pero ellos respondieron negativamente "No iremos allá," (ver. 12). He inmediatamente comienzan a hablar en contra de Moisés y a acusarle como un líder que les engañó "¿Es poco que nos hayas hecho venir de una tierra que destila leche y miel, para hacernos morir en el desierto, sino que también te enseñorees de nosotros imperiosamente? Ni tampoco nos has metido tú en tierra que fluya leche y miel, ni nos has dado heredades de tierras y viñas: ¿has de arrancar los ojos de estos hombres? No subiremos," (vers.13-14).

No es difícil entender el por qué, nos dice la Biblia que Moisés se disgustó. Y Moisés clama a Jehová y le dice "No mires a su ofrenda; ni aun un asno he tomado de ellos, ni a ninguno de ellos he hecho mal," (ver. 15). Y luego se dirige a Coré, a los que estaban con él y hasta al mismo Aarón y les dice "Tú y todo tu séquito, poneos mañana delante de Jehová; tu, y ellos, y Aarón; Y tomad cada uno su incensario y poned incienso en ellos, acercaos delante de Jehová cada uno con su incensario, doscientos cincuenta (250) incensarios; tu también, y Aarón, cada uno con su incensario," (vers. 16-17). Y al día siguiente, tomó cada uno su incensario, le pusieron fuego e incienso y se pusieron frente a la puerta del Tabernáculo de reunión.

DIOS CONFIRMA EL LIDERATO DE MOISÉS SOBRE LA NACIÓN DE ISRAEL

Dice la Biblia que la Gloria de Jehová se manifestó a la congregación. Y Jehová le hablo a Moisés y a Aarón y les dijo "Apartaos de entre esta congregación, y consumirlos he en un momento," (ver. 21). Pero, vemos nuevamente a Moisés intercediendo por el pueblo "Dios, Dios de los espíritus de toda carne, ¿no es un solo hombre el que peco? ¿Por qué aírate contra toda la congregación?," (ver. 22).

Y ya todos conocemos la historia, se abrió la tierra que estaba debajo de ellos "Y abrió la tierra su boca, y tragólos á ellos, y á sus casas, y á todos los hombres de Coré, y á toda su hacienda. Y ellos, con todo lo que tenían, descendieron vivos al abismo, y cubriólos la tierra, y perecieron de en medio de la congregación. . . . Y salió fuego de Jehová, y consumió los doscientos y cincuenta hombres que ofrecían el sahumerio," (vers. 32, 35).

Dos hombres llamados por Dios, Bezaleel y Coré, uno se somete a su líder y hace todo conforme a lo que Dios le ha indicado con relación al Tabernáculo, el otro insatisfecho con el llamado de Dios, reta a su líder trayendo muerte para él, su familia y sus seguidores. Que gran contraste, una vez que Bezaleel termina la obra del Tabernáculo, la nube cubrió el mismo y la gloria de Jehová lo llenó. Que gran bendición para el pueblo. Mientras que a Coré y sus seguidores se los tragó la tierra y a los 250 líderes, salió fuego de la precencia de Jehová y los consumió y el pueblo huyó a causa de los gritos, diciendo "¡No sea que la tierra nos trague!"

REBELIÓN TRAS BASTIDORES

Cuando la Biblia nos dice que en el principio creo Dios los cielos y la tierra, esto incluía los ángeles "Tú, oh Jehová, eres solo; tú hiciste los cielos, y los cielos de los cielos, y toda su milicia," (Nehemías 9:6a). Y cuando El Apóstol Pablo nos habla sobre Jesús, como el primogénito de toda la creación, nos da una descripción más amplia de las cosas creadas, lo que incluye a los ángeles los ángeles:

> Porque por él fueron criadas todas las cosas que están en los cielos, y que están en la tierra, visibles é invisibles; sean tronos, sean dominios, sean principados, sean potestades; todo fué criado por él y para él. Y él es antes

de todas las cosas, y por él todas las cosas subsisten: Porque por él fueron criadas todas las cosas que están en los cielos, y que están en la tierra, visibles é invisibles; sean tronos, sean dominios, sean principados, sean potestades; todo fué criado por él y para él. Y él es antes de todas las cosas, y por él todas las cosas subsisten. (Colosenses 1:16-17)

Los ángeles, al igual que el resto de la creación, tienen un propósito definido, y podríamos decir que el principal de ellos es alabar y adorar a Dios:

EN el año que murió el rey Uzzías vi yo al Señor sentado sobre un trono alto y sublime, y sus faldas henchían el templo. Y encima de él estaban serafines: cada uno tenía seis alas; con dos cubrían sus rostros, y con dos cubrían sus pies, y con dos volaban. Y el uno al otro daba voces, diciendo: Santo, santo, santo, Jehová de los ejércitos: toda la tierra está llena de su gloria. (Isaías 6:1-3)

El nombre ángel significa "mensajero" y adicional a su propósito de adorar y alabar a Dios, se ha visto en la Biblia que pueden llevar a cabo diferentes tareas. Por ejemplo, le dieron instrucciones a José con relación al nacimiento de Jesús (Mateo 1) y han sido enviados para proveer necesidades físicas como en el caso de Agar (Génesis 21:17-20). También encontramos en la Biblia diferentes tipos de ángeles como los querubines (Ezequiel 1) y los serafines (Isaías 6). Hemos oído hablar de el ángel Miguel, identificado como uno de los "principales príncipes," (Daniel 10;13) y el ángel Gabriel (Lucas 1:19-26).

La Biblia también nos identifica otro ángel, Lucifer, quien también fue creado por Dios. La palabra hebrea para Lucifer es *heylel* y significa "Estrella de la mañana, Resplandor." La raíz de la palabra hebrea es *halal*, que quiere decir, entre otros, "para brillar, para alabar, gloria, dar luz." *Halal*, es traducido también como "alabanzas, alabanza, alabar, alabando, alabo." El nombre de Lucifer literalmente significa "alabar." De la palabra *halal* se deriva también la palabra "*Hallelujah*," Aleluya para nosotros, significa, "alaben al Señor, alabo al Señor."

En Ezequiel 28:12-17 encontramos una descripción de Lucifer. Y Nos dice que Lucifer era hermoso, creado con gran riqueza y cubierto con piedras preciosas:

> Hijo del hombre, levanta endechas sobre el rey de Tiro, y dile: Así ha dicho el Señor Jehová: Tú echas el sello á la proporción, lleno de sabiduría, y acabado de hermosura.

> En Edén, en el huerto de Dios estuviste: toda piedra preciosa fué tu vestidura; el sardio, topacio, diamante, crisólito, onique, y berilo, el zafiro, carbunclo, y esmeralda, y oro, los primores de tus tamboriles y pífanos estuvieron apercibidos para ti en el día de tu creación. (Ezequiel 28:12-13)

Nos continúa diciendo la Biblia, que estaba ungido, separado para una labor especial "Tú, querubín grande, cubridor: y yo te puse; en el santo monte de Dios estuviste; en medio de piedras de fuego has andado," (Ezequiel 28:14). Lo cual indica una alta posición y con ella, la responsabilidad y autoridad para proteger y defender *el Santo Monte de Dios,* el trono divino.

Lucifer, también fue creado como un instrumento musical. Su habilidad incluye tres categorías diferentes que representan todos los instrumentos musicales tal y cual los conocemos hoy en día. Era una orquesta en sí mismo: Instrumentos de percusión, representados por los tamboriles, (Ezequiel 28: 13), instrumentos de viento, representados por las flautas, (Ezequiel 28: 13) y los instrumentos de cuerdas, representados por las arpas, (Isaías 14: 11).

Sin embargo, nos dice la Palabra:

Perfecto eras en todos tus caminos desde el día que fuiste criado, hasta que se halló en ti maldad. A causa de la multitud de tu contratación fuiste lleno de iniquidad, y pecaste: por lo que yo te eché del monte de Dios, y te arrojé de entre las piedras del fuego, oh querubín cubridor. Enaltecióse tu corazón á causa de tu hermosura, corrompiste tu sabiduría á causa de tu resplandor: yo te arrojaré por tierra; delante de los reyes te pondré para que miren en ti. (Ezequiel 28:15-17)

Ezequiel 28:17 nos habla de la caída de Lucifer a causa de su orgullo "Enaltecióse tu corazón á causa de tu hermosura, corrompiste tu sabiduría á causa de tu resplandor: yo te arrojaré por tierra; delante de los reyes te pondré para que miren en ti." La elevada posición, y el lugar específico que le correspondía antes de su caída, le ofrecía una oportunidad única para glorificar a Dios. Su caída fue ocasionada por el intento de apropiarse de esta gloria, quiso ocupar el lugar de Dios, para lograrlo se propuso cinco metas en su corazón:

Subiré al cielo,
en lo alto junto á las estrellas de Dios ensalzaré mi solio,
y en el monte del testimonio me sentaré, á los lados del aquilón;
Sobre las alturas de las nubes subiré,
y seré semejante al Altísimo. (Isaías 14:13)

A Lucifer le fue dado gloria, honor, poder. Poseía riquezas, la música y las artes y como resultado se tornó orgulloso y se exaltó a sí mismo. Se sintió orgulloso de su unción. Quiso estar por encima de Dios. Dios no podía tolerar esta rebelión, y Lucifer fue echado del cielo. Cuando Lucifer fue echado de los cielos, su nombre fue cambiado a Satán, que quiere decir adversario, el acusador (Lucas 10:18b).

No fue hasta que comencé a explorar el arte desde la perspectiva Bíblica, que comienzo a entender un aspecto de satanás que no había visto antes. Su cuerpo representaba básicamente todos los instrumentos necesarios para crear una orquesta: instrumentos de percusión, de viento y los de cuerdas. Era querubín grande, protector, Dios le puso en el monte santo y todo su cuerpo radiaba belleza. ¿No sería entonces posible que el estuviese a cargo de la adoración a Dios? ¿De las alabanzas? ¿De la música? Y porque no, ¿del arte? Una vez satanás es arrojado de los cielos no he encontrado evidencia que pusieran a otro querubín en su lugar. Y entiendo, que ese lugar especial de alabanza y adoración lo ocupamos nosotros ahora. También comienzo a explorar la idea, de el por qué los artistas nos encontramos con tantas dificultades para desarrollar nuestro espíritu creativo. ¿Podría ser que satanás, conociendo el privilegio que perdió, no desea que nosotros desarrollemos nuestro potencial artístico? ¿Qué manifestaciones artísticas habrán en los cielos de los cielos que no han llegado hasta nosotros, porque todavía no entendemos cual es nuestra posición como artistas en el reino?

Entendemos que la Biblia nos dice que Jubal fue el creador de instrumentos musicales "Jubal, el cual fue padre de todos los que tocan arpa y flauta," (Génesis 4:21) Pero otro detalle que descubrimos en las Escrituras es que la música nos llega a través del linaje de Caín. Veamos, Caín fue el padre de Enoc, Enoc fue el padre de Irad, Irad fue el padre de Mehujael, Mehujael fue el padre de Lamec y Lamec fue el padre de Jubal. Lo cual me confirma algunas de las interrogantes anteriores. Y con esto no quiero decir que la música no sea creada por Dios. Porque todo arte proviene de Dios, sin embargo, al hombre desobedecer a Dios, permitió la entrada de la corrupción en el mundo. ¿Podría ser éstos comienzos con relación a la música causante, en parte, de los retos que cómo artistas enfrentamos? Son preguntas que surgen en busca de respuestas. A la vez que entiendo, que con el llamado de Bezaleel, Dios nos señala un modelo a seguir.

NOTAS:

[1]Blue Letter Bible. "Dictionary and Word Search for *heylel (Strong's 1966)*". Blue Letter Bible. 1996-2012. 16 Dec 2012. < http:// www.blueletterbible.org/lang/lexicon/ lexicon.cfm? Strongs=H1966&t=KJV >

[2]Blue Letter Bible. "Dictionary and Word Search for *halal (Strong's 1984)*". Blue Letter Bible.1996 2012. 16 Dec 2012. < http:// www.blueletterbible.org/lang/lexicon/ Lexicon.cfm? Strongs=H1984&t=KJV >

QUINTA PARTE

LA CONSTRUCCIÓN DEL TABERNÁCULO

CAPITULO 11

Obediencia y Sujeción

Y Bezaleel, hijo de Uri, hijo de Hur, de la tribu de Judá,
hizo todas las cosas que Jehová mando a Moisés
(Éxodo 38:22)

MANOS A LA OBRA

Recordemos una vez más que Jehová Dios fue el Diseñador y Principal Arquitecto del Tabernáculo y sus utensilios y Su diseño sería el modelo a seguir "Conforme á todo lo que yo te mostrare, el diseño del tabernáculo, y el diseño de todos sus vasos, así lo haréis," (Éxodo 25:9). Hemos visto que Dios le explica a Moisés detalladamente como tenían que hacer el Tabernáculo, sus muebles, utensilios y las vestimentas de los sacerdotes (Éxodo 25-31). Y a través de la descripción del trabajo a realizar, le enfatiza que debe seguir el modelo que se le había enseñado "Mira y hazlos conforme al modelo que te ha sido mostrado en el monte," (Éxodo 25: 40).

Y éstas órdenes iban más allá del diseño de construcción, también se le mostró el modelo de cómo sería levantado "Y alzarás el tabernáculo conforme á su traza que te fue mostrada en el monte," (Éxodo 26:30). Me gusta la traducción que ofrece la Biblia Peshitta sobre este verso, "Entonces erigirás el tabernáculo correctamente, tal como yo te lo mostré en el monte." O sea, que cuando llegara el momento de poner todas las piezas juntas y levantar y poner en pie el Tabernáculo, lo debía hacer siguiendo detalladamente las indicaciones que se le habían dado. Ya que también para ese momento, para esa ocasión tan significativa, se le había mostrado como hacerlo y se le había mostrado con un propósito definido, para que siguiera paso por paso el modelo de lo que había visto.

Cuando Dios explica como hacer el altar para el holocausto, vuelve y repite "De la manera que te fue mostrado en el monte, así lo harás," (Éxodo 27:8b). Y cuando en el capítulo 31, Jehová Dios le indica a Moisés que ha llamado a Bezaleel y Aholib, su capacitación, el por qué de la misma y la tarea a realizar, le enfatiza una vez más las instrucciones a seguir "harán conforme a todo lo que te he mandado," (Éxodo 31:11).

En el Capítulo 2 hicimos un recuento general de lo que Bezaleel tenía que hacer. Sin embargo en el Apéndice A hay una descripción detallada de la información que Jehová Dios le da a Moisés con relación a la construcción del Tabernáculo, sus muebles y utencilios. En él hablamos de las medidas, materiales, descripción del diseño y propósito del mismo. Y repito, me interesa que el lector entienda la magnitud del trabajo, para poder entender la magnitud de conocimientos, destrezas artísticas, habilidades técnicas y desarrollo espiritual que necesitaban para realizar el mandato de Dios.

Y nos preguntamos, ¿Siguieron Bezaleel, Aholiab y sus ayudantes las instrucciones de Dios con relación al diseño y la realización del Tabernáculo, sus muebles, utensilios y vestimentas sacerdotales? ¿Qué papel jugó Moisés con relación al mandato de Dios ya que el arquitecto asistente del proyecto lo era Bezaleel? ¿Cuál fue la respuesta de Dios al trabajo realizado? Así que veamos que pasó cuando Moisés, luego de las explicaciones pertinentes practicamente le dice al pueblo "manos a la obra."

LA CONSTRUCCION DEL TABERNÁCULO

El capítulo 36 comienza dándonos en una oración una síntesis de lo que hicieron Bezaleel y sus hombres, y la misma es positiva "HIZO, pues, Bezaleel y Aholiab, y todo hombre sabio de corazón, á quien Jehová dió sabiduría é inteligencia para que supiesen hacer toda la obra del servicio del santuario, todas las cosas que había mandado Jehová," (Éxodo 36:1). Este verso me parece sumamente hermoso y revelador cuando hablamos de un llamado por parte de Dios. Primero nos indica que Bezaleel y Aholiab y todo sabio de corazón hicieron lo que Jehová les mandó a hacer. La frase "todas las cosas que había mandado Jehová" nos indica de inmediato un sentido de obediencia, sumisión y cumplimiento del mandato divino. Segundo, los identifica nuevamente como hombres sabios de corazón, hombres que estaban capacitados artísticamente para hacer el trabajo, les reconoce sus talentos naturales. Y tercero, nuevamente confirma que Dios les capacitó "a quien Jehová dio sabiduría e inteligencia." ¿Para qué? Para que supiesen hacer el trabajo. En otras palabras, Dios te da talentos naturales, te llama y te da una encomienda en específica para que los uses y luego te capacita sobrenaturalmente para que seas todo un éxito.

Moisés no se hace esperar y comienza la labor una vez que él le ha notificado al pueblo sobre el llamado y la encomienda a realizar "Y Moisés llamó á Bezaleel y á Aholiab, y á todo varón sabio de corazón, en cuyo corazón había dado Jehová sabiduría, y á todo hombre á quien su corazón le movió á llegarse á la obra, para trabajar en ella," (Éxodo 36:2). Y les entrega la ofrenda recogida. Serían los encargados de la construcción del Tabernáculo los que administrarían la ofrenda "Y tomaron de delante de Moisés toda la ofrenda que los hijos de Israel habían traído para la obra del servicio del santuario, á fin de hacerla," (Éxodo 36:3a).

Y con la entrega de la ofrenda se da comienzo a la obra del Tabernáculo. Sin embargo, algo muy peculiar se comienza a dar "Y ellos le traían aún ofrenda voluntaria cada mañana," (Éxodo 36:3b) y los que estaban trabajando en la obra, hombres diestros, competentes, se presentan donde Moisés nuevamente, porque la ofrenda era demasiado "Vinieron, por tanto, todos los maestros que hacían toda la obra del santuario, cada uno de la obra que hacía. Y hablaron á Moisés, diciendo: El pueblo trae mucho más de lo que es menester para la atención de hacer la obra que Jehová ha mandado que se haga," (Éxodo 36:4-5). Es interesante notar que la Biblia dice que eran hombres hábiles, diestros, que sabían lo que estaban haciendo. No era que les molestaba el tener que guardar materiales o que el exceso de ofrendas era una carga y les complicaba el trabajo. Sino eran hombres que pudieron sacar inventario del material recibido, compararlo con lo que necesitaban y determinar que ya tenían más que suficiente. No había porque abusar del pueblo. Moisés entonces tuvo que presentarse nuevamente al pueblo para pedirle no trajeran más ofrendas. Recordemos también que están en el desierto, quizás hoy en día podríamos poner el dinero en bancos o poner los materiales en almacenes, pero la Biblia dice que el material era sumamente abundante:

> Entonces Moisés dio una orden, y se pasó una proclama por todo el campamento y dijo: "Ningún hombre ni mujer haga más trabajo para las contribuciones del santuario." Así el pueblo dejó de traer más. Porque el material que tenían era abundante, y más que suficiente para hacer toda la obra. (Éxodo 36:6-7)

LA REALIZACIÓN DEL TRABAJO

Nos dice la Palabra, a manera de resumen, en que " Y todos los sabios de corazón entre los que hacían la obra, hicieron el Tabernáculo de diez cortinas, de lino torcido, y de jacinto, y de púrpura y carmesí; las cuales hicieron de obra prima, con querubines," (Éxodo 36:8). El escritor de Éxodo nos enfatiza nuevamente, que todos los sabios de corazón, o sea, todas aquellas personas con un corazón hábil, inteligente y artístico hicieron el Tabernáculo. Nuevamente vemos la palabra sabio siendo asociada con la habilidad artística. Luego de este reconocimiento hacia las personas que trabajaron realizando la labor, Moisés pasa a describir lo que hicieron y como lo hicieron. Sin embargo a partir del Éxodo 36:10 hasta casi al final del capítulo 38 se enfatiza el nombre de Bezaleel como responsable de la labor realizada. Y no es de extrañarnos siendo el Director y Arquitecto Asistente de la construcción, era responsable ante Moisés, el pueblo y sobre todo ante Jehová Dios.

En el Apéndice B encontrarás un resumen más detallado de la labor realizada. Sin embargo es importante enfatizar que Bezaleel, Aholiab y los sabios de corazón siguieron todas las indicaciones que Jehová Dios le dio a Moisés. Tal es así, que al hacerse es recuento del trabajo, vuelve a mencionarse las mediadas, materiales y habilidades artísticas necesaria o técnicas de producción.

Por ejemplo, veamos la realización del Arca del Testimonio:

EL ARCA

Mandato: Éxodo 25: 10-16; Realización: Éxodo 37:1-5

Nos dice la Biblia que Bezalel también hizo el arca de madera de Sittim (acacia). Y que fue hecha siguiendo exactamente las instrucciones en cuanto a medida y diseño. Esta tenía una longitud de 3 ¾ pies o 1.12 metros, su anchura de 2 ¼ pies o 68 centímetros, y su altura de 2 ¼ pies o 68 centímetros. Se revistió de oro puro por dentro y por fuera, y se le hizo una moldura de oro alrededor. Además se fundieron las cuatro argollas de oro en sus cuatro esquinas: dos argollas a un lado y dos argollas al otro lado. Se hicieron las varas de madera de acacia y se las revistió de oro. Y introdujo las varas por las argollas a los lados del arca, para transportarla.

LA CUBIERTA Y LOS DOS QUERUBINES

Mandato: Éxodo 25: 17-22; Realización: Éxodo 37:6-9

En relación a la cubierta, este se hizo de oro puro; y sus medidas se hicieron de acuerdo con las instrucciones dadas: su longitud era de 3 ¾ pies o 1.13 metros y su anchura de 2 ¼ pies o 68 centímetros. Los dos querubines de oro se hicieron labrados a martillo y estaban ubicados en los dos extremos de la cubierta; un querubín en un extremo, y el otro querubín en el otro extremo. Los querubines tenían extendidas las alas hacia arriba, cubriendo la cubierta con sus alas, uno frente al otro y los rostros de los querubines estaban vueltos hacia la cubierta. Ambos, los querubines y la cubierta fueron hechos de una sola pieza, según las instrucciones dadas por Dios a Moisés.

Y así se hizo con cada pieza del Tabernáculo, sus muebles y accesorios. Y al finalizar el trabajo el testimonio sobre el mismo es concluyente "Y Bezaleel, hijo de Uri, hijo de Hur, de la tribu de Judá, *hizo todas las cosas que Jehová mando a Moisés*," (el énfasis es nuestro, Éxodo 38:22). Wow! Que hermoso. ¿Te imaginas que se pueda decir lo mismo de tu trabajo artístico?

Las vestiduras sacerdotales eran sumamente importantes, el Sacerdote Aarón era el máximo repesentate de los hijos de Israel ante Dios, y a la misma vez, era el representante de Dios ante el pueblo. Cuando Dios habla de las vestiduras dijo que serían para "honra y hermosura." Tal vez por ello, hay una descripción más detallada del producto final. Y se confirma, que cuando se revisan las vestiduras de los sacerdotes y los materiales, se dice que, "del jacinto, y púrpura, y carmesí, hicieron las vestimentas del ministerio para ministrar en el santuario, y asimismo hicieron las vestiduras sagradas para Aarón; **como Jehová lo había mandado á Moisés,**" (el énfasis es nuestro), Éxodo 39:1).

Y cuando se revisa el Ephod, el cual era una pieza elaborada, para las vestiduras sagradas de Aar**ón** "Y el cinto del ephod que estaba sobre él, era de lo mismo, conforme á su obra; de oro, jacinto, y púrpura, y carmesí, y lino torcido; **como Jehová lo había mandado á Moisés**," (el énfasis es nuestro, Éxodo 39:5).

Y cuando se revisan las piedras y la forma en que se grabaron y se colocaron sobre el Ephod "Y labraron las piedras oniquinas cercadas de engastes de oro, grabadas de grabadura de sello con los nombres de los hijos de Israel: Y púsolas sobre las hombreras del ephod, por piedras de memoria á los hijos de Israel; **como Jehová lo había á Moisés mandado**," (el *é*nfasis es nuestro, Éxodo 39:6-7).

Y cuando revisan el pectoral y su uso, pieza de tela muy fina, bordada "Y ataron el racional de sus anillos á los anillos del ephod con un cordón de jacinto, para que estuviese sobre el cinto del mismo ephod, y no se apartase el racional del ephod; **como Jehová lo había mandado á Moisés**," (el *é*nfasis es nuestro, Éxodo 39:21).

Y cuando revisan algunos de los detalles de las otras vestiduras sacerdotales, encontraron que "Hicieron también las campanillas de oro puro, las cuales campanillas pusieron entre las granadas por las orillas del manto alrededor entre las granadas: Una campanilla y una granada, una campanilla y una granada alrededor, en las orillas del manto, para ministrar; **como Jehová lo mandó á Moisés**," (el *énfasis es nuestro,* Éxodo 39:25-26)

Y cuando revisaron el cinto, el cual había sido hecho por un recamador, bordador "También el cinto de lino torcido, y de jacinto, y púrpura, y carmesí, de obra de recamador; **como Jehová lo mandó á Moisés**," (el *énfasis es nuestro,* Éxodo 39:29).

Y cuando revisaron la diadema se pudo observar que "Hicieron asimismo la plancha de la diadema santa de oro puro, y escribieron en ella de grabadura de sello, el rótulo, SANTIDAD A JEHOVA. Y pusieron en ella un cordón de jacinto, para colocarla en alto sobre la mitra; **como Jehová lo había mandado á Moisés**," (el *énfasis es nuestro*, Éxodo 39:30-31).

Entendemos por estos versos que las vestiduras sacerdotales fueron inspeccionadas cuidadosamente y el testimonio es que todo se hizo como Jehová lo había mandado. No se añadió nada, no se eliminó nada, y mucho menos, no se hizo una interpretación o alteración de los que Jehová había mandado, por aquello de adaptar el diseño de Dios a las condiciones o circunstancias que ellos conocían.

EL COSTO DEL TABERNÁCULO

Mandato: Éxodo 25:1-7 y Éxodo 35:4-9; Realización: Éxodo 38:21-31

INFORME FINAL DEL PROYECTO

Todo proyecto requiere de un informe final. El mismo incluye un inventario económico y otro sobre el logro del propósito del proyecto. En este caso el proyecto era la construcción del Tabernáculo. Este informe, me imagino, fue presentado fue presentado de la siguiente manera:

Diseñador y Arquitecto Principal: Jehová Dios

Superintendente: Moisés

Equipo a cargo de la Realización del Proyecto:
Arquitecto Asistente y Director, Artista: Bezaleel
Asistente, Artista: Aholiab

Nos dice la Biblia que " Y Bezaleel, hijo de Uri, hijo de Hur, de la tribu de Judá, hizo todas las cosas que Jehová mandó á Moisés. Y con él estaba Aholiab, hijo de Ahisamac, de la tribu de Dan, artífice, y diseñador, y recamador en jacinto, y púrpura, y carmesí, y lino fino," (Éxodo 38:22-23).
Equipo a cargo del Informe Económico: El Sacerdote Itamar y los Levitas

Moisés ordena hacer un inventario de los materiales usados en la construcción del Tabernáculo. Los levitas llevaron la cuenta o registro y el manejo de los materiales usados en el mismo. Itamar, hijo del Sacerdote Aarón, estuvo a cargo de la dirección del registro y contabilidad de los materiales de construcción. El informe incluía tipo de metal usado, cuánto se recibió del mismo, para qué en específico fue usado y quiénes lo donaron, (Éxodo 38: 24-31). Se utilizaron en la construcción del Santuario tres clases de metales: oro, plata y bronce. Y los mismos se obtuvieron como parte de la ofrenda voluntaria que dio el pueblo y un censo que se llevó a cabo. Y este es el informe en detalles:

ORO:Se recogió un total de 29 talentos y 730 siclos. Para ser usado en toda la obra del santuario y fue ofrenda voluntaria del pueblo.

PLATA:Se recogió un total de 100 talentos, 1775 siclos. Para la construcción de las basas del santuario, las basas del velo y los capiteles de las columnas y se obtuvo por el impuesto que pagó cada persona al registrarse en el censo: á todos los que tenían veinte años o más, que fueron 603,550 hombres.

BRONCE: Se recogió un total de 70 talentos y 2400 siclos. Para ser usado el la construcción de las basas de la puerta del tabernáculo del testimonio, el altar de metal y su enrejado de metal, los vasos del altar, las basas del atrio, las basas de la puerta del atrio, todas las estacas del tabernáculo y todas las estacas del atrio alrededor. Y fue ofrenda voluntaria del pueblo.

PRESENTAN EL TABERNÁCULO A MOISÉS

"Y fue acabada toda la obra del tabernáculo, del tabernáculo del testimonio: é hicieron los hijos de Israel como Jehová lo había mandado á Moisés: así lo hicieron," (Éxodo 39:32). Una vez que Bezaleel está seguro y ha confirmado que todo ha sido hecho según las instrucciones, está listo para presentar el trabajo a Moisés. Y nos dice la Biblia que trajeron todo lo que hicieron a Moisés. Después de todo, Moisés es el que había recibido las instrucciones y si alguien sabía como se tenían que hacer las cosas era el. A la vez, sería Moisés el que respondería ante Dios. Y esto fue lo que trajeron ante Moisés para su aprobación:

- El tabernáculo y todos sus vasos; sus corchetes, sus tablas, sus barras, sus columnas y sus basas; y la cubierta de pieles rojas de carneros, y la cubierta de pieles de tejones, y el velo del pabellón
- La mesa, todos sus vasos, y el pan de la proposición
- El candelero limpio, sus candilejas, las lámparas que debían mantenerse en orden, y todos sus vasos, y el aceite para la luminaria
- El altar de oro, y el aceite de la unción, y el perfume aromático,
- El pabellón para la puerta del tabernáculo
- El altar de metal, con su enrejado de metal, sus varas, y todos sus vasos
- La fuente, y su basa
- Las cortinas del atrio, y sus columnas, y sus basas
- El pabellón para la puerta del atrio, y sus cuerdas, y sus estacas
- Todos los vasos del servicio del tabernáculo
- Las vestimentas del servicio para ministrar en el santuario, las sagradas vestiduras para Aarón el sacerdote, y las vestiduras de sus hijos, para ministrar en el sacerdocio.

Y me puedo imaginar el nivel de satisfacción de Bezaleel, Aholiab y todos los sabios de corazón que participaron en la construcción del Tabernáculo. La Palabra nos dice una vez más, que todo fue hecho "En conformidad á todas las cosas que Jehová había mandado á Moisés, así hicieron los hijos de Israel toda la obra," (Éxodo 39:42). Y estoy segura que Moisés se tomó su tiempo en revisar cada pieza. Después de todo el había estado en el monte con Dios cuarenta días con cuarenta noches y estoy segura que bastante de ese tiempo lo pasó hablando del

Tabernáculo, viendo el diseño y tal vez haciendo preguntas. Pero, ¿cuál fue la reacción de Moisés? Moisés era el jefe de todos ellos y el líder del pueblo, su palabra era suprema en esos momentos. Y una vez más la Palabra nos ofrece una ventanita abierta a través de los siglos y nos permite ver que fue lo que pasó, y nos dice "Y vió Moisés toda la obra, y he aquí que la habían hecho como Jehová había mandado; y bendíjolos," (Éxodo 39:43).

Moisés los bendijo. Y para el pueblo de Israel la bendición es algo que ellos entendían y por lo tanto podían apreciar el valor de la misma. La bendición es una declaración que hace una persona con autoridad, por ejemplo, el sacerdote o el padre de familia. La misma no puede ser revocada o transferida y expresa entre otras cosas, el deseo de bienestar espiritual, desear el bien a una persona, prosperidad y salud. Así que puedo imaginar la inmensa felicidad que sintieron al ser bendecido por Moisés.

DIOS DA INSTRUCCIONES A MOISÉS

Una vez que Moisés supervisa la construcción y confirma que la misma se ha hecho conforme a todo lo que Dios había ordenado. Moisés está entonces listo para presentarse delante de Dios. Y Jehová, nos dice la Palabra, le habló a Moisés y le especifica cuando levantar el Tabernáculo y como organizarlo. Lo primero que Jehová le señala a Moisés es la fecha en que el Tabernáculo sería levantado "En el primer día del mes primero," (Éxodo 40:2). De acuerdo a historiadores bíblicos, estamos hablando del primer día de Nisán del año 2449, unos 3324 años atrás. En el antigua calendario hebreo el mes de Nisán[1] conmemoraba la salida del pueblo de Egipto y se conoce en la Biblia como "el mes primero," (Éxodo 12:2).

Una vez señalada la fecha, Jehová da las siguientes instrucciones a Moisés:

Y pondrás en él el arca del testimonio, y la cubrirás con el velo:

Y meterás la mesa, y la pondrás en orden: meterás también el candelero y encenderás sus lámparas:

Y pondrás el altar de oro para el perfume delante del arca del testimonio, y pondrás el pabellón delante de la puerta del tabernáculo.

Después pondrás el altar del holocausto delante de la puerta del tabernáculo, del tabernáculo del testimonio.

Luego pondrás la fuente entre el tabernáculo del testimonio y el altar; y pondrás agua en ella.

Finalmente pondrás el atrio en derredor, y el pabellón de la puerta del atrio. (Éxodo 40:3-8)

Una vez que el Tabernáculo estuviese levantado y organizado con todos sus muebles y accesorios, Moisés debía tomar el aceite de la unción y ungir el mismo y todo lo que estaba en él. Esto tenía como propósito santificar el Tabernáculo y todos sus vasos. Y Jehová le dice que una vez que lo ungiere, todo sería santo. También tendría que ungir el altar del holocausto con todos sus vasos y santificar el altar para que sea un altar santísimo. De la misma manera tenía que ungir la fuente con su basa y santificarla.

Con relación a Aarón y sus hijos, deberían venir a la puerta del Tabernáculo del Testimonio y una vez a la puerta los lavaría con agua. Una vez lavado, Aarón sería vestido con las vestiduras sagradas y ungido y consagrado como sacerdote. Luego vendrían los hijos de Aarón, los cuales vestirían las túnicas y de la misma manera que Aarón fue ungido, ellos serían ungidos y serían de igual manera consagrados sacerdotes. Y esta unción "les servirá por sacerdocio perpetuo por sus generaciones," (Éxodo 40:15)

MOISÉS LEVANTA EL TABERNÁCULO

Y nos dicen las Escrituras que Moisés siguió las instrucciones recibidas y levantó el Tabernáculo. Este fue levantado el día primero del primer mes del año segundo. Prácticamente, casi un año después de la salida de Egipto. Y comienza Moisés levantando la estructura interna del Tabernáculo, puso sus basas o zócalos, colocó las tablas, introdujo sus barras y erigió sus columnas. Luego extendió una cubierta sobre el Tabernáculo y le puso una cubierta de pieles encima. Y esto lo hizo como Jehová le había mandado. Una vez que el Tabernáculo está levantado, tomó el testimonio (los Diez Mandamientos) y los puso en el arca. Pasó las varas por las argollas del arca y puso la cubierta sobre el arca. Una vez que hubo ensamblado el arca con sus varas y cubierta, la pone dentro del Tabernáculo y le puso un velo por cortina. De tal manera que el arca del Testimonio estuviese cubierta, siguiendo de esta forma el patrón que Jehová le había mandado.

La mesa de los panes la puso en el Tabernáculo del Testimonio, al lado norte, en la parte de afuera del velo y puso en orden sobre la mesa los panes delante de Jehová, y nuevamente vemos que esto lo hizo como Jehová le había mandado.

Entonces colocó el candelero en la tienda de reunión, en el Tabernáculo del Testimonio, frente a la mesa, al lado sur y encendió las lámparas tal como Jehová le mandó.

El altar de oro también fue colocado en el Tabernáculo, frente al velo; y quemó en él incienso, como Jehová le había mandado.

Después colocó la cortina a la entrada del Tabernáculo, y puso el altar del holocausto frente a la entrada del Tabernáculo y ofreció sobre él el holocausto y ofrenda como Jehová le había mandado.

Puso la fuente entre el Tabernáculo y el altar, y la llenó de agua para poder lavarse. Y Moisés, Aarón y sus hijos se lavaban las manos y los pies en la misma, cada vez que entraban al Tabernáculo y cuando se acercaban al altar. Y esto lo hacía siguiendo las instrucciones que Jehová había ordenado a Moisés.

Por último, Moisés levantó el atrio alrededor del Tabernáculo y del altar y colgó la cortina que se había hecho para la entrada del mismo. Y con esto terminó Moisés la obra del Tabernáculo. Y como en el caso de Bezaleel, nos dice la Palabra una y otra vez, que todo lo hizo, "como Jehová había mandado a Moisés," (Éxodo 40:19, 21, 23, 25,27, 29, 32).

Hay varias cosas que me llaman la atención con relación al cumplimiento de el trabajo que tenían que realizar. Primero, la atención a todos los detalles, aún los que aparentemente parecían insignificantes. Segundo, antes de entregar la obra, revisaron el que todo se hubiese hecho de acuerdo con las especificaciones. Aquí no hubo ni una sola excusa. Y por último me parece un excelente ejemplo de obediencia y sujeción a Dios, tanto de parte de Moisés como el líder principal, como de Bezaleel, Aholiab y demás compañeros de labor.

RESPUESTA DE JEHOVÁ A LA CONSTRUCCIÓN DEL TABERNÁCULO

Jehová Dios anhelaba un lugar para habitar en medio de su pueblo y le dice a Moisés "Y hacerme han un santuario" y a cambio de ello Jehová le prometió "y yo habitaré entre ellos," (Éxodo 25:8). Y pienso que esto fue una inauguración espectacular "Entonces una nube cubrió el tabernáculo del testimonio, y la gloria de Jehová hinchió el tabernáculo. Y no podía Moisés entrar en el tabernáculo del testimonio, porque la nube estaba sobre él, y la gloria de Jehová lo tenía lleno," (Éxodo 40:34-35).

Sin embargo, esto no fue un evento de solo un día, el pueblo iba a vivir alrededor del Tabernáculo. Sus propias casas de campañas estarían alrededor del mismo en el orden específico dado por Dios "Y HABLO Jehová á Moisés y á Aarón, diciendo: Los hijos de Israel acamparán cada uno junto á su bandera, según las enseñas de las casas de sus padres; alrededor del tabernáculo del testimonio acamparán," (Números 2:1-2). Y todo el pueblo estaba al tanto de la presencia de Jehová "Pero si la nube no se alzaba, no se partían hasta el día en que ella se alzaba," (Éxodo 40: 36). La presencia de Dios en medio del pueblo se convirtió en un estilo de vida "Porque la nube de Jehová estaba de día sobre el tabernáculo, y el fuego estaba de noche en él, á vista de toda la casa de Israel, en todas sus jornadas," (Éxodo 40:38).

NOTAS:

[1]http://es.wikipedia.org/wiki/Nisán·

SEXTA PARTE

CONCLUSION

CAPÍTULO 12

Conversaciones sobre la Teología del Arte

Como hemos estudiado, Jehová Dios le mostró el diseño del Tabernáculo a Moisés y quienes trabajarían en el. Moisés estaba bajo la dirección directa de Dios, pero Bezaleel a quien le tenía que responder era a Moisés. Moisés era su líder espiritual y en este caso sería el Superintendente del proyecto.

Como artista, pienso que Bezaleel estuvo muy motivado y entusiasmado al ver los diseños y recibir las instrucciones y materiales de todo lo que tenía que hacer. Y me imagino que en muchos momentos tal vez sintió el deseo de hacer su propia contribución al mismo y tal vez darle un toquecito particular o personal. Sin embargo, nos dice la Biblia, que Bezaleel "hizo todas las cosas que Jehová mandó a Moisés." Bezaleel hizo quedar bien a Moisés ante Jehová Dios. Y esto son palabras mayores. El mandato que Moisés había recibido era único. Recordemos que Jehová Dios le había convocado a una reunión en el monte la cual duró cuarenta días con cuarenta noches. Y allí le dio los Diez Mandamientos, las leyes generales que servirían de guía a un pueblo que estaba apenas formándose y le mostró como sería el Tabernáculo. Esta obediencia de Bezaleel hizo que Moisés se pudiera, podríamos decir, pararse con su frente en alto ante Jehová Dios y decirle con gran satisfacción que todo fue hecho "como le fue mostrado en el monte."

El Tabernáculo, en nuestros días, se ha convertido en testimonio del plan de salvación para nuestras vidas, sombra del que habría de venir: Jesús. Y la obediencia de Bezaleel logró que el mensaje de lo que Jehová Dios quería trasmitirnos a nosotros llegara intacto. Entiendo, por lo tanto, que Bezaleel es para nosotros los artistas un ejemplo de obediencia, sujeción y carácter contrario a lo que sucedió, por ejemplo con Coré.

Hemos visto como Bezaleel pudo cumplir exitosamente con la tarea para la cual fue llamado y capacitado.

EN CONCLUSIÓN

Cuando quise saber sobre el arte en la Biblia, le pregunté a Dios y Él dirigió mis pasos hacia Éxodo 31 y 35 y ahí conocí a Bezaleel, su llamado y su capacitación para el mismo. A través del estudio de su llamado y capacitación encontré el fundamento Bíblico de lo que entiendo puede ser la Teología del Arte. Y a sido a través de las conversaciones que he sostenido con mi Dios a través de los años, que este fundamento, se ha ido estableciendo en mi vida.

Descubrí que el arte está dentro de la voluntad de Dios. Más aún, que el arte es un regalo de Dios a la humanidad de parte del Dios Creador. Descubrí que somos creadores por naturaleza divina, ya que en el momento de nuestra creación, Dios sopló de su Espíritu en nosotros y al darnos el aliento de vida impartió en nosotros de Su Espíritu Creador. Descubrí que Dios, como a Bezaleel, nos llena de Su Espíritu Santo y deposita en nosotros, a través de Su Palabra, sabiduría, inteligencia y conocimiento. Nos da la habilidad para desarrollar nuestro arte, a la vez, que nos capacita para que enseñemos a otros lo que por gracia El nos ha dado. Descubrí también, que de la misma manera que Bezaleel, cuyo nombre significa "en o bajo la sombra de Dios" estuvo bajo Su sombra al llevar a cabo su misión, yo como artista también estoy "bajo la sombra y protección especial del Altísimo."

Y sobre todo, que mi talento artístico, no está limitado a la Iglesia solamente. Dios me lo ha dado para bendición de la humanidad, para "gloria y honra" de Su Nombre. Y si solamente glorificamos a Dios en la Iglesia, cómo alumbraremos al mundo que no le conoce. Que de la misma forma que gobernantes y pueblos vieron a Dios a través del trabajo desarrollado por José, Salomón y Daniel, la humanidad pueda ver y glorificar a Dios a través de nuestro trabajo artístico.

Entiendo que como artistas llamados por Dios hemos puesto nuestra luz debajo de la mesa. Y que posiblemente lo hemos hecho bajo la dirección de líderes con buenas intenciones, pero ignorantes de lo que la Palabra dice sobre el arte. Y en este momento, donde como artistas nos proponemos hacer un rescate de las artes, me parece escuchar Su Voz diciéndonos:

> Vosotros sois la luz del mundo: una ciudad asentada sobre un monte no se puede esconder. Ni se enciende una lámpara y se pone debajo de un almud, mas sobre el candelero, y alumbra á todos los que están en casa. Así alumbre vuestra luz delante de los hombres, para que vean vuestras obras buenas, y glorifiquen á vuestro Padre que está en los cielos. (Mateo 5:14-16)

APENDICE A

El trabajo a realizar

Siguiendo el orden que aparece en la Biblia, de Éxodo 25 a Éxodo 30, Dios ordena a Moisés realizar lo siguiente:

EL ARCA DEL TESTIMONIO

Éxodo 25:10-22

Medidas:
- Largo 3 ¾ pies (1.12 metros)
- Ancho 2 ¼ pies (68 centímetros)
- Altura 2 ¼ pies (68 centímetros)

Especificaciones:
- Arca será hecho de madera de Sittim (acacia).
- La misma será cubierta de oro puro por dentro y por fuera.
- El arca debe tener sobre ella una cornisa de oro alrededor.
- Tendrá un anillo de oro fundido en cada esquinas, dos anillos a un lado y dos anillos al otro lado para un total de cuatro anillos de oro fundido.
- Y dos varas de madera de Sittim revestidas de oro.
- Las varas se pasarán por las anillos a los lados del arca, para llevar el arca con ellas y se mantendrán en las anillos del arca todo el tiempo.

Propósito:

- "Y pondrás en el arca el testimonio que yo te daré" (Éxodo 25:16). Hebreos 9:4 nos dice, "contenía el maná, la vara de Aarón que reverdeció, y las tablas del pacto." (Las tablas del pacto son los Diez Mandamientos, Deuteronomio 10:1-5.)

Cubierta de Oro

Medidas:
Largo 3 ¾ pies (1.12 metros)
- Ancho 2 ¼ pies (68 centímetros)

Especificaciones:
- Es la tapa del arca, de oro puro.
- La cubierta con los querubines en sus dos extremos será de una sola pieza.
- La cubierta irá sobre el arca del testimonio en el lugar santísimo (Éxodo 26:34).

Propósito:
"Y de allí me declararé á ti, y hablaré contigo de sobre la cubierta, de entre los dos querubines que están sobre el arca del testimonio, todo lo que yo te mandaré para los hijos de Israel" (Éxodo 25:22).

Los Querubines

Especificaciones:
- Serán de oro labrado a martillo.
- Un querubín en un extremo de la cubierta y el otro en el otro extremo. Tanto la cubierta y los querubines en sus dos extremos estarán hechos de una sola pieza.
- Las alas de los dos querubines estarán extendidas hacia arriba, de manera que se cubrirá la cubierta con las alas y

estarán uno frente al otro. Los rostros de los querubines estarán mirando hacia la cubierta.

MUEBLES Y ACCESORIOS

La mesa para el pan de la proposición
Éxodo 25:23-30

Medidas:
* Largo 3 pies (90 centímetros)
* Ancho 1 ½ pies (45 centímetros)
* Alto 2 ¼ pies (68 centímetro)

Especificaciones:
* Mesa de madera de Sittim (acacia) revestida de oro puro.
* Se hará una cornisa de oro alrededor de la mesa.
* Alrededor de la cornisa se hará una moldura de 4 pulgadas (7.5 centímetros) de ancho.
* A la moldura se le hará una cornisa de oro.
* Tendrá cuatro anillos de oro, las mismas se pondrán en las cuatro esquinas.
* Cerca del borde estarán las anillos para pasar por ellas las varas a fin de llevar la mesa.
* Dos varas de madera de Sittim (acacia), revestidas de oro, para llevar la mesa.
* Las fuentes, vasijas, jarros y tazones para las libaciones serán de oro puro.
* La mesa estará fuera del velo, en el lado norte. (Éxodo 26:35)

Propósito:
* "Y pondrás sobre la mesa el pan de la proposición delante de mí continuamente" (Éxodo 25:30).

El Candelero de Oro

Éxodo 25:31-39

Medidas:
- El candelero, con todos estos utensilios, será hecho de 75 libras (34 kilos) de puro oro. Algunos investigadores calculan que el peso era alrededor de 107 libras ya que el peso exacto de un talento de oro no es conocido.

Especificaciones:
- El candelero, su pie o base y su caña se harán labrados a martillo.
- Su pie, su caña, sus copas, sus manzanas y sus flores serán de una sola pieza.
- De sus lados saldrán seis brazos, tres brazos del candelero de uno de sus lados y tres brazos del candelero del otro lado.
- Habrá tres copas en forma de flor de almendro en un brazo, con una manzana y una flor; y tres copas en forma de flor de almendro en el otro brazo, con una manzana y una flor; así en los seis brazos que salen del candelero.
- En la caña del candelero habrá cuatro copas en forma de flor de almendro, con sus cálices o manzanas y sus flores.
- Habrá una manzana debajo de los dos primeros brazos que salen de él, y una manzana debajo de los dos siguientes brazos que salen de él, y una manzana debajo de los dos últimos brazos que salen de él; así con los seis brazos que salen del candelero.
- Sus manzanas y sus brazos serán de una sola pieza.
- Todo ello será una sola pieza de oro puro labrado a martillo.
- Siete candilejas, con sus despabiladeras y sus platillos de oro puro.
- El candelero estará frente de la mesa en el lado del tabernáculo hacia el sur (Éxodo 26:35).

Propósito:
Para alumbrar el espacio frente al candelero (Éxodo 25:37).

EL TABERNÁCULO

Las cortinas de lino torcido para el Tabernáculo
Éxodo 26:1-6

Medidas:
* Largo de cada cortina será de 42 pies (12.6 metros)
* Ancho de cada cortina de 6 pies (1.8 metros)
* Todas las cortinas tendrán una misma medida.

Especificaciones:
* El tabernáculo tendrá diez cortinas de lino torcido de cárdeno o tela azul (una mezcla d añil con rojo oscuro), púrpura y carmesí, con querubines, obra de hábil artífice u obra primorosa. (Para facilitar la diferenciación entre los colores vamos a usar azul en vez de cárdeno.)
* Cinco de las cortinas estarán unidas una con la otra. También las otras cinco cortinas estarán unidas una con la otra.
* Lazos de tela azul en el borde de la cortina del extremo del primer enlace, y de la misma manera en el borde de la cortina del extremo del segundo enlace.
* 50 lazos en la primera cortina, y 50 lazos en el borde de la cortina que está en el segundo enlace. Los lazos se corresponderán unos a otros.
* 50 broches de oro, y con los broches se unirán las cortinas una a la otra, de manera que el tabernáculo sea una unidad.

Las cortinas de pelo de cabra

Éxodo 26:7-13

Medidas:
* Once cortinas de una misma medida.
* El largo de cada cortina será de 45 pies (13.5 metros)
* Ancho de cada cortina 6 pies (1.8 metros)

Especificaciones:

- Las cortinas de pelo de cabra a manera de tienda sobre el tabernáculo.
- Se unirán cinco cortinas entre sí y las otras seis cortinas también entre sí.
- Se doblará la sexta cortina en el frente de la tienda.
- 50 lazos en el borde de la cortina del extremo del primer enlace, y 50 lazos en el borde de la cortina del extremo del segundo enlace.
- 50 broches de bronce, y se pondrá los broches en los lazos y se unirá la tienda para que sea un todo.
- El exceso que sobra de las cortinas de la tienda, la media cortina que queda, caerá sobre la parte posterior del tabernáculo.
  - ➤ En un lado 1 ½ pies (45 centímetros)
  - ➤ y en el otro lado 1 ½ pies (45 centímetros) de lo que sobra de la longitud de las cortinas de la tienda,
  - ➤ caerá en los costados del tabernáculo, a un lado y a otro, para cubrirlo.

Propósito: Cubierta para el techo del tabernáculo.

Una cubierta de cueros de carnero

Éxodo 26:14a

Especificaciones:
- Otra cubierta de cueros de carnero teñidos de rojo.

Propósito:
Encima de las cortinas de pelo de cabra, en el techo.

Una cubierta de cueros de tejones

Éxodo 26:14b

Especificaciones:
- Cubierta de pieles de tejones.

- Se cree que la piel de tejón o "tahash" era por naturaleza de muchos colores y que el diseño natural de la piel era de listas.

Propósito
- Encima de la cubierta de piel de carnero, en el techo.

LA ESTRUCTURA DEL TABERNÁCULO

Éxodo 26:15-37

Las Tablas Verticales

Éxodo 26:15-29

Medidas:
- Largo de cada tabla: 15 pies (4.5 metros)
- Ancho de cada tabla: 2 ¼ pies (68 centímetros)

Especificaciones:
- Las tablas verticales para el tabernáculo de madera de Sittim (acacia) se colocarán verticalmente.
- Cada tabla tendrá dos espigas para unirlas una con otra.
- Veinte tablas para el lado sur.
- Cuarenta (40) basas o zócalos de plata debajo de las veinte (20) tablas: dos basas o zócalos debajo de una tabla para sus dos espigas, y dos basas o zócalos debajo de la otra tabla para sus dos espigas.
- Para el segundo lado del tabernáculo, al lado norte, veinte (20) tablas, y sus cuarenta (40) basas o zócalos de plata: dos basas o zócalos debajo de una tabla y dos basas o zócalos debajo de la otra tabla.
- Para la parte posterior del tabernáculo, hacia el occidente, seis tablas. Dos tablas para las esquinas del tabernáculo en la parte posterior.
- Serán dobles por abajo, y estarán completamente unidas por arriba hasta el primer anillo.

- Así será con las dos: formarán las dos esquinas. Habrá ocho tablas con sus basas de plata, dieciséis (16) basas o zócalos; dos basas o zócalos debajo de una tabla y dos basas o zócalos debajo de la otra tabla.

Barras de Madera de Sittim (Acacia)

Éxodo 26:26-30

Especificaciones:
- Cinco barras de acacia para las tablas de un lado del tabernáculo.
- Cinco barras para las tablas del lado posterior del tabernáculo, hacia el occidente.
- La barra del medio en el centro de las tablas pasará de un extremo al otro.
- Se revestirá de oro las tablas, y se hará de oro sus argollas por donde pasarán las barras. Se revestirá de oro las barras.

Nota: La función vital de las barras era fortalecer la estructura del Tabernáculo al unir las tablas y mantenerlas firmemente juntas.

Propósito:
- "Entonces levantarás el tabernáculo según el plan que te ha sido mostrado en el monte."

El Velo

Éxodo 26:31-33

Especificaciones:
- Velo de tela azul, púrpura y carmesí, y de lino fino torcido. Será hecho con querubines, obra de hábil artífice u obra primorosa.
- Se colgará sobre cuatro columnas de Sittim (acacia) revestidas de oro.

- Sus ganchos serán también de oro, sobre cuatro basas de plata.
- Se colgará el velo debajo de los broches, y se pondrá detrás del velo, el arca del testimonio.
- El velo, 30 pies desde la apertura del tabernáculo.

Propósito:
- El velo les servirá como división entre el lugar santo y el lugar santísimo.

Puerta del Tabernáculo

Éxodo 26:36-37

Especificaciones:
- De tela azul, púrpura, carmesí y de lino torcido, obra de tejedor.
- Cinco columnas de Sittim (acacia) para la cortina, revestidas de oro
- Los ganchos serán también de oro.
- Se fundirá cinco basas de bronce para ellas.

Propósito:
- Una cortina para la entrada de la tienda.

EL ATRIO Y LA PUERTA

Éxodo 27:9-19

El Atrio

Éxodo 27:9-19

Especificaciones y Medidas:
- Al lado sur habrá cortinas de lino torcido para el atrio, de 150 pies (45 metros) de largo por un lado.
- Sus columnas serán veinte (20), con sus veinte (20) basas de bronce.

- Los ganchos de las columnas y sus molduras serán de plata.
- Asimismo, a lo largo del lado norte habrá cortinas de (150 pies) 45 metros de largo y sus veinte (20) columnas con sus veinte (20) basas serán de bronce.
- Los ganchos de las columnas y sus molduras serán de plata.
- Para el ancho del atrio en el lado occidental habrá cortinas de 75 pies (22.5 metros) con sus diez (10) columnas y sus diez (10) basas.
- El ancho del atrio en el lado oriental será de 75 pies (22.5 metros).
- Las cortinas a un lado de la entrada serán de 22 ½ pies (6.75 metros) con sus tres columnas y sus tres basas.
- Y para el otro lado habrá cortinas de 22 ½ (6.75 metros) con sus tres columnas y sus tres basas.
- Para la puerta del atrio habrá una cortina de 30 pies (9 metros) de tela azul, púrpura y carmesí, y de lino fino torcido, obra de tejedor, con sus cuatro columnas y sus cuatro basas.
- Todas las columnas alrededor del atrio tendrán molduras de plata. Sus ganchos serán de plata y sus basas de bronce.
- El largo del atrio será de 150 pies (45 metros), el ancho de 75 pies (22.5 metros) por cada lado y la altura 7 ½ pies (2.25 metros); sus cortinas de lino fino torcido, y sus basas de bronce.
- Todos los utensilios del tabernáculo usados en todo su servicio, y todas sus estacas, y todas las estacas del atrio serán de bronce.

Puerta del Atrio

Éxodo 27:16

Especificaciones:
* Para la puerta del atrio habrá una cortina de 30 pies (9 metros).
* Tela azul, púrpura y carmesí, y de lino torcido, obra de bordador.
* Cuatro columnas y sus cuatro basas.

El Altar de Bronce

Éxodo 27:1-8

Especificaciones:
* El altar de madera de Sittim (acacia)
* Largo 7 ½ pies (2.25 metros)
* Ancho 7 ½ pies (2.25 metros) el altar será cuadrado,
* Alto 4 ½ pies (1.35 metros)
* Cuernos en sus cuatro esquinas.
* Los cuernos serán de una misma pieza con el altar, revestidos de bronce.
* Hacer recipientes para recoger las cenizas, sus palas, sus tazones, sus garfios y sus braseros.
* Todos los utensilios de bronce. Enrejado de bronce en forma de red, y sobre la red cuatro argollas de bronce en sus cuatro extremos, bajo el borde del altar, de manera que la red llegue hasta la mitad del altar.
* Varas para el altar, varas de madera de acacia, revestidas de bronce.
* Las varas se meterán en las argollas, de manera que las varas estén en ambos lados del altar cuando sea transportado.
* El altar hueco, de tablas; según mostrado en el monte.

VESTIDURAS SAGRADA

Éxodo 28:1-4

Especificaciones:
- Materiales: oro, tela azul, púrpura, carmesí, y lino fino.
- Vestiduras sagradas para Aarón
- Vestiduras: un pectoral, un efod, un manto, una túnica tejida a cuadros, una tiara y un cinturón.

Propósito:
- Para gloria y hermosura
- Para consagrar a Aarón y a sus hijos como sacerdotes.

El Efod de Oro

Éxodo 28:4-7

Especificaciones:
- De tela azul, púrpura y carmesí y de lino torcido, obra de hábil artífice.
- Tendrá dos hombreras que se junten a sus dos extremos, para que se pueda unir.
- Dos piedras de ónice y grabar en ellas los nombres de los doce (12) hijos de Israel.
- Seis de los nombres en una piedra y los seis nombres restantes en la otra piedra, según el orden de su nacimiento.
- Las engastadas en filigrana de oro.
- Las dos piedras estarán en las hombreras del efod, como piedras memoriales para los hijos de Israel. Aarón llevará sus nombres delante del SEÑOR sobre sus dos hombros por memorial.
- Engastes de filigrana de oro.
- Dos cadenillas de oro puro, en forma de cordones trenzados y las cadenillas trenzadas estarán junto con los engastes de filigrana.

El Cinto

Especificaciones:
- Hábilmente tejido, sobre el efod

- Material: de oro, de tela azul, púrpura, carmesí y de lino fino torcido

Pectoral

Éxodo 28:15-21

Especificaciones:
- Obra de hábil artífice
- Similar a los materiales del efod: de oro, de tela azul, púrpura, carmesí y de lino torcido
- Cuadrado y doble, 9 pulgadas (25 cm.)
- Se Montará en él cuatro hileras de piedras.
- La 1ra. hilera será una hilera de un sárdica, un topacio y un carbunclo (esmeralda)
  - La 2da. hilera, una esmeralda, un zafiro y un diamante
  - La 3ra. hilera, un rubí, una ágata y una amatista
  - La 4ta. hilera, un berilo, un ónix y un jaspe
  - Todas estarán engastadas en filigrana de oro.
  - Las piedras serán doce (12), según los nombres de los hijos de Israel.
  - Serán como las grabaduras de un sello, cada uno según su nombre para las doce tribus.

El Manto del Ephod

Éxodo 28:31-35

Especificaciones:
- El manto del Ephod todo de tela azul.
- Habrá una abertura en el medio de su parte superior.
- Alrededor de la abertura habrá una orla tejida, como la abertura de una cota de malla, para que no se rompa.
- En su borde inferior harás granadas de tela azul, púrpura y escarlata alrededor en todo su borde, y entre ellas, también alrededor, campanillas de oro: una campanilla

de oro y una granada, otra campanilla de oro y otra granada, y así alrededor de todo el borde del manto.

Propósito:
- Estará sobre Aarón cuando ministre.
- Y el tintineo se oirá cuando entre en el lugar santo delante del SEÑOR y cuando salga, para que no muera.

Lamina de Oro Puro

Éxodo 28:36-38

Especificaciones:
- Lámina de oro puro
- Se grabará en ella, como las grabaduras de un sello: SANTIDAD A JEHOVA.
- Se fijará en un cordón azul, y estará sobre la tiara, en la parte delantera.

Propósito:
- La lámina estará siempre sobre la frente de Aarón, para que obtenga gracia delante de Jehová.

TÚNICAS, MITRA, CINTOS, TIARAS Y CALZONCILLOS (PAÑETES)

Éxodo 28:39-43

Especificaciones:
- Bordar una túnica de lino
- Una mitra o tiara de lino
- Un cinto, obra de un recamador
- Túnicas, cintos y chapeos o tiaras (para los hijos de Aarón)
- Pañetes de lino, desde los lomos hasta los muslos

ALTAR PARA QUEMAR INCIENSO, PILA DE BRONCE, EL ACEITE DE LA UNCION Y EL INCIENSO

Altar Para Quemar Incienso
Éxodo 30:1-10

Medidas:
* Cuadrado: 18 pulgadas cuadradas (45 cm)
* 3 pies (90 centímetros) de alto

Especificaciones:
* De madera de Sittim (acacia).
* Cuernos de una sola pieza.
* Revestido de oro puro: su parte superior, sus lados en derredor y sus cuernos
* Cornisa de oro alrededor
* Dos argollas de oro debajo de su cornisa; en sus dos lados, en lados opuestos, y servirán de sostén para las varas, con las cuales se transportará.
* Varas de madera de acacia, revestidas de oro.
* Posición del altar: delante del velo que está junto al arca del testimonio, delante del propiciatorio que está sobre el arca del testimonio.

Propósito
* Aarón quemará incienso aromático sobre él cada mañana al preparar las lámparas.

Fuente de Metal

Éxodo 30:17-21

Especificaciones:
* Base de metal (bronce)
* Se colocará entre el tabernáculo del testimonio y el altar, con agua en ella.

Propósito:
- Para lavarse, con ella se lavarán las manos y los pies Aarón y sus hijos al entrar en la tienda del testimonio para que no mueran.
- También, cuando se acerquen al altar a ministrar para quemar una ofrenda encendida a Jehová, se lavarán las manos y los pies para que no mueran.
- Será estatuto perpetuo para ellos.

Aceite de la Unción

Éxodo 30:22-33

Especificaciones:
Tomar de las especias más finas:
- Mirra fluida,18 libras
  - Canela aromática, la mitad, 9 libras
  - Caña aromática, 9 libras
  - Casia, 18 libras
  - Aceite de oliva, 1 ½ galones
- Mezclar

Propósito:
- Será aceite de santa unción.
- Para ungir:
  - la tienda de reunión
  - el arca del pacto
  - la mesa y todos sus utensilios
  - el candelabro y sus utensilios
  - el altar del incienso
  - el altar del holocausto y todos sus utensilios
  - la pila y su base
  - a Aarón y a sus hijos

El Incienso

Éxodo 30: 34-38

Especificaciones:

- Aromas o especias, estacte (resina de un árbol), uña olorosa (resina de color café oscuro), gálbano aromático (originalmente se obtenía de una planta que produce una sustancia lechosa de consistencia gomosa) e incienso limpio (resina aromática y gomosa), de cada una igual peso o igual cantidad.

- Con ello se hará una confección aromática (incienso), obra de perfumador, mezclada, pura y santa.

- Y se molerá parte de él muy fino, y se pondrá una parte delante del testimonio en el tabernáculo del testimonio.

- Y este incienso, no se hará en las mismas proporciones para uso propio o personal, porque esta proporción era específica, consagrada a Jehová.

Propósito:

- El incienso será santo para Jehová. Cualquiera que haga incienso como éste, para usarlo como perfume será cortado de entre su pueblo.

APENDICE B

El Trabajo Realizado

Las medidas generales del Tabernáculo eran de 150 pies o 46 metros de largo por 75 pies o 23 metros de ancho. El mismo estaba hecho de madera de Sittim (acacia), la cual fue cubierta de oro, y puesta sobre zócalos de plata. En el lado este del Tabernáculo, había un velo que tenía bordado querubines y colgaba de cinco pilares cubiertos de oro. A treinta pies de la entrada, se encontraba el velo, que al igual que el velo de la entrada, estaba bordado con querubines. Este velo dividía el lugar Santo del Lugar Santísimo. En el lugar Santo se encontraba el candelero, la mesa y el altar de oro. Y en el lugar Santísimo, se encontraba el Arca del Pacto.

EL TABERNÁCULO

Mandato: Éxodo 26: 1-6; Realización: Éxodo 36: 8-13

Las Cortinas

Las Cortinas de Lino Fino Torcido
Mandato: Éxodo 26: 1-6; Realización Éxodo 36: 8-13

Se hicieron siguiendo exactamente las indicaciones: el largo de cada cortina era de 42 pies, (12.6 metros) y el ancho era de 6 pies (1.8 metros). Todas las cortinas tenían una misma medida.

Y nos dice que Bezaleel unió las cinco cortinas una con otra, también las otras cinco cortinas las unió una con la otra. Les hizo lazos de tela azul (a manera de ojales) en el borde de la cortina del extremo del primer enlace. Lo mismo hizo en el borde de la cortina del extremo del segundo enlace. Le hizo cincuenta lazos en una cortina, y se hizo cincuenta lazos en el borde de la cortina que estaba en el segundo enlace. Los lazos correspondían unos a otros. Le hizo además cincuenta broches o botones de oro, y se unieron las cortinas unas a las otras con los broches, de manera que el tabernáculo llegó a ser una unidad.

Las Cortinas de Pelo de Cabra

Mandato: Éxodo 26: 7-11; Realización Éxodo 36: 14-18

Nos dice que Bezaleel hizo las cortinas de pelo de cabra siguiendo las medidas especificadas: el largo de cada cortina fue de 45 pies (13.5 metros) y el ancho de 6 pies (1.8 metros). Estas cortinas formaban la tienda de campaña sobre el Tabernáculo y se hicieron once cortinas en total y todas tenían una misma medida. Al igual que el Mishkan, los dos grupos de cortinas se unieron (las cinco cortinas entre sí y las otras seis cortinas entre sí) quedando por lo tanto un panel compuesto de cinco cortinas y otro compuesto de seis cortinas. Estas cortinas que formaban la tienda no podían ser vistas desde el interior del Tabernáculo. El hizo cincuenta lazos en el borde de la cortina del extremo del primer enlace, he hizo cincuenta lazos en el borde de la cortina del extremo del segundo enlace. Hizo además cincuenta broches de metal para unir la tienda, a fin de que fuera un todo. En algunas traducciones en relación al metal usado aquí, se identifica el mismo como bronce o cobre. Por lo regular éstas partes que no iban a ser visibles desde adentro se hicieron de materiales menos costoso.

La Cubierta de Pieles de Carnero

Mandato: Éxodo 26: 7-11; Realización: Éxodo 36:19a

El hizo también para la tienda una cubierta de pieles de carnero teñidas de rojo.

La Cubierta de Pieles de Marsopa

Mandato: Éxodo 26: 7-11; Realización: Éxodo 36:19b

El hizo una cubierta de marsopa para poner encima de la cubierta de carnero.

ESTRUCTURA DEL TABERNÁCULO

Las Tablas de Madera de Sittim (Acacia), Las Basas (zócalos) de Plata y las Barras

Mandato: Éxodo 26: 15-29; Realización: Éxodo 36:20-34

Hizo Bezaleel las tablas siguiendo las indicaciones: La longitud de cada tabla era de 15 pies (4.5 metros) y la anchura de cada tabla de 2 ¼ pies (68 centímetros). Hizo las paredes del Tabernáculo de cuarenta y ocho (48) tablas, veinte (20) por el lado sur, veinte (20) por el lado norte y ocho (8) por el lado oeste. Y las hizo de madera de acacia y fueron colocadas verticalmente. Estas tablas fueron cubiertas en oro. Cada tabla tenía dos espigas a un lado de las tablas. Y dos orificios al otro lado. Las espigas al entrar en los orificios unían y fijaban las tablas y servían para fortalecer la estructura.

Hizo las basas o zócalos, cada tabla tenía dos espigas por debajo que sobresalían de la madera. Cada espiga se ajustaba a una basa o zócalo, por lo tanto para una tabla era necesario tener dos zócalos. Los zócalos eran el fundamento o base del Tabernáculo. Dos zócalos servían de base para una tabla. Los zócalos no estaban conectados a los tablas de ambos lados.

Las barras las hizo de madera de acacia. Cinco para las tablas de un lado del tabernáculo, cinco barras para las tablas del otro lado del tabernáculo y cinco barras para las tablas del lado posterior del tabernáculo, hacia el occidente. Las tablas se cubrieron de oro y se le hicieron unos pequeños anillos o cilindros por donde pasaron las barras, las cuales fueron cubiertas también de oro. Estas barras pasaban por la parte de arriba y por la parte de debajo de las tablas. La barra del medio pasaba por el medio de las tablas de un extremo a otro. Todo fue hecho según las instrucciones dadas.

El Velo y las Columnas

Mandato: Éxodo 26: 31-33; Realización: Éxodo 36:35-36

El velo se hizo de tela azul, púrpura y escarlata y de lino fino torcido con querubines bordados. Además se hicieron las cuatro columnas de acacia y se revistieron de oro. Sus ganchos eran también de oro y para ellas se fundió cuatro basas o zócalos de plata.

Cortina para la Entrada

Mandato: Éxodo 26: 36-37; Realización: Éxodo 36:37-38

Se hizo también una cortina para la entrada de la tienda de tela azul, púrpura y escarlata y de lino fino torcido, con sus cinco columnas y sus ganchos. Se cubrió de oro sus capiteles y sus molduras, pero sus cinco basas o zócalos eran de bronce.

MUEBLES Y ACCESORIOS

El Arca

Mandato: Éxodo 25: 10-16; Realización: Éxodo 37:1-5

Nos dice el recuento bíblico que Bezalel también hizo el arca de madera de acacia. Y que fue hecha siguiendo exactamente las instrucciones en cuanto a medida y diseño. Esta tenía una longitud de 3 ¾ pies (1.12 metros), su anchura de 2 ¼ pies (68 centímetros), y su altura de 2 ¼ pies (68 centímetros). Se revistió de oro puro por dentro y por fuera, y se le hizo una moldura de oro alrededor. Además se fundieron las cuatro argollas de oro en sus cuatro esquinas: dos argollas a un lado y dos argollas al otro lado. Se hicieron las varas de madera de acacia y se las revistió de oro. Y introdujo las varas por las argollas a los lados del arca, para transportarla.

La cubierta y los dos querubines

Mandato: Éxodo 25: 17-22; Realización: Éxodo 37:6-9

En relación a la cubierta, esta se hizo de oro puro; y sus medidas se hicieron de acuerdo con las instrucciones dadas: su longitud era de 3 ¾ pies (1.13 metros) y su anchura de 2 ¼ pies (68 centímetros). Los dos querubines de oro se hicieron labrados a martillo y estaban ubicados en los dos extremos de la cubierta; un querubín en un extremo, y el otro querubín en el otro extremo. Los querubines tenían extendidas las alas hacia arriba, cubriendo la cubierta con sus alas, uno frente al otro y los rostros de los querubines estaban vueltos hacia la cubierta. Los querubines y la cubierta fueron hechos de una sola pieza, según las instrucciones dadas por Dios a Moisés.

La mesa de madera de Sittim y sus utensilios

(La Mesa para el pan de la proposición)

Mandato: Éxodo 25:23-30; Realización: Éxodo 37:10-16

Hizo Bezaleel la mesa de madera de Sittim (acacia). Su longitud era de 3 pies (90 centímetros), su anchura de 1 ½ pies (45 cm) y su altura de 2 ¼ pies (68 centímetros). La revistió de oro puro y le hizo una moldura de oro alrededor. Le hizo alrededor un borde de 4 pulgadas de ancho (7.5 centímetros), e hizo una moldura de oro alrededor del borde.

Fundió para ella cuatro argollas de oro, y puso las argollas en las cuatro esquinas que estaban sobre sus cuatro patas. Cerca del borde estaban las argollas donde se metían las varas para llevar la mesa. Y también hizo las varas de madera de acacia para llevar la mesa y las revistió de oro. He hizo en oro puro todos los utensilios que estaban en la mesa: sus fuentes, sus vasijas, sus tazones y sus jarros, con los cuales se iban a hacer las libaciones.

Candelero de Oro

Mandato: Éxodo 25:31-39; Realización: Éxodo 37:17-24

Nos continúa diciendo la Biblia que Bezaleel hizo el candelero de oro puro. Y lo hizo todo labrado a martillo: su base y su caña, como le fue indicado. Sus copas, cálices y flores eran de una sola pieza junto con el candelero. Del mismo salían seis brazos, tres brazos del candelero de uno de sus lados y tres brazos del candelero del otro lado. Había tres copas en forma de flor de almendro, un cáliz y una flor en un brazo, y tres copas en forma de flor de almendro, un cáliz y una flor en el otro brazo. De tal manera que los seis brazos eran iguales.

En la caña del candelero había cuatro copas en forma de flor de almendro, con sus cálices y sus flores. Y había un cáliz debajo de los dos primeros brazos que salían de él, y un cáliz debajo de los dos siguientes brazos que salían de él, y un cáliz debajo de los dos últimos brazos que salían de él.

Sus cálices y sus brazos eran de una sola pieza de oro puro labrado a martillo. También hizo de oro puro sus siete lámparas con sus despabiladeras y sus platillos. He hizo el candelero y todos sus utensilios de un talento 75 libras (34 kilos) de oro puro.

El Altar del Incienso

Mandato: Éxodo 30:1-10; Realización: Éxodo 37: 25-28

Teniendo las indicaciones de Moisés como guía, Bezaleel hizo el altar del incienso de madera de acacia. El mismo era cuadrado, de 18 pulgadas (45 cm) de largo, 18 pulgadas (45 centímetros) de ancho y de 3 pies (90 centímetros) su altura. Sus cuernos eran de una sola pieza con el altar. Revistió de oro puro su parte superior, sus lados en derredor y sus cuernos e hizo también una moldura de oro alrededor.

Le hizo dos argollas de oro debajo de su moldura, en dos de sus lados opuestos, por donde iban a pasar las varas con las cuales sería transportado el Altar y le hizo las varas de madera de acacia y las revistió de oro.

El Aceite de la Unción y el Incienso Puro

Mandato: Éxodo 30:22-33; Realización: Éxodo 37: 29

Bezaleel hizo el aceite de la santa unción y el incienso puro, de especias aromáticas. Destreza que indica la Biblia era obra de un perfumador, o sea un artista que se especializa en la confección de perfumes.

El Altar del Holocausto

Mandato: Éxodo 27:1-8; Realización: Éxodo 38: 1-7

Bezalel hizo también el altar del holocausto de madera de acacia. El mismo era cuadrado: 7 ½ pies de (2.25 metros) longitud por 7 ½ pies (2.25 metros) de ancho y de 4 ½ pies (1.35 metros) su altura. Le hizo cuernos en sus cuatro esquinas. Los cuernos eran de una sola pieza con el altar, y los revistió de bronce. Hizo asimismo todos los utensilios del altar: los calderos, las palas, los tazones, los garfios y los braseros. Todos los utensilios los hizo de bronce.

Debajo del borde, hizo para el altar una rejilla de bronce, que llegaba hasta la mitad del altar. Fundió cuatro argollas en los cuatro extremos de la rejilla de bronce por donde se metían las varas. Hizo también las varas de madera de acacia y las revistió de bronce. Y metió las varas por las argollas que estaban en los lados del altar, para transportarlo. Este altar era hueco y hecho de tablas.

La Pila de Bronce

Mandato: Éxodo 30:17-21; Realización: Éxodo 38:8

Además hizo la pila de bronce y su base de bronce, de los espejos de las mujeres que servían y ministraban a la puerta de la tienda de reunión. En la Biblia Peshitta nos amplía el verso y nos dice "Hizo también el lavatorio de bronce, con los espejos de las mujeres que venían a orar a la puerta del tabernáculo temporal." Y en el Tanach o Biblia Hebrea, nos dice la fuente de bronce era un recipiente muy grande en el patio del tabernáculo, de la que se exigía a los sacerdotes que se laven las manos y los pies antes de realizar el servicio. Fue hecha de espejos de cobre. Los espejos utilizados por las mujeres en esos días eran hojas muy pulidas y brillantes de cobre. Cuando se hizo el llamado para las contribuciones, las mujeres vinieron con sus espejos de cobre y los depositaron frente a la Tienda de reunión, la cual, hasta la construcción del Tabernáculo, fue el nombre dado a la tienda de Moisés. (p153) Estos espejos eran utilizados por las mujeres israelitas para embellecerse y los cuales fácilmente donaron hacia la construcción de la pila de bronce. (Levine, 120).

EL ATRIO

El Atrio

Mandato: Éxodo 27:9-19; Realización: Éxodo 38:9-17

Bezaleel hizo también el atrio. Tanto las cortinas del lado sur como las del lado norte eran de lino fino torcido, de 150 pies (45 metros). Y tanto el lado sur como el lado norte tenía veinte columnas y veinte basas o zócalos de bronce en cada lado. Los ganchos de las columnas y sus molduras de ambos lados eran de plata.

Por el lado oeste había cortinas de 75 pies de largo (22.5 metros), con sus diez columnas y sus diez basas o zócalos. Los ganchos de las columnas y sus molduras eran de plata. Y por el lado este las cortinas también medían 75 pies (22.5 metros). Las cortinas a un lado de la entrada eran de 22 ½ pies (6.75 metros), con tres columnas y sus tres basas, y lo mismo al otro lado. A los dos lados de la puerta del atrio había cortinas de 22 ½ pies (6.75 metros), con sus tres columnas y sus tres basas. Todas las cortinas alrededor del atrio eran de lino fino torcido.

Las basas o zócalos para las columnas eran de bronce, los ganchos de las columnas y sus molduras, de plata, y el revestimiento de sus capiteles, de plata, y todas las columnas del atrio tenían molduras de plata.

La Cortina del Atrio

Mandato: Éxodo 27:16; Realización: Éxodo 38:18-20

La cortina de la entrada del atrio de tela azul, púrpura y escarlata, y lino fino torcido era obra de tejedor. La longitud era de 30 pies (9 metros) y la altura de 7 ½ pies (2.25 metros), lo mismo que las cortinas del atrio.

Sus cuatro columnas y sus cuatro basas o zócalos eran de bronce y sus ganchos eran de plata, y el revestimiento de sus capiteles y sus molduras eran también de plata. Todas las estacas o clavijas del tabernáculo y del atrio alrededor eran de bronce.

LAS VESTIDURAS SACERDOTALES

Mandato: Éxodo 28:1-4; Realización: Éxodo 39:1

Las vestiduras para ministrar en el Lugar Santo se hicieron de azul, púrpura y escarlata, y también se hicieron las vestiduras sagradas para Aarón. Para ello se siguieron las instrucciones "como Jehová lo había mandado a Moisés."

Efod de Oro

Mandato: Éxodo 28:4-7; Realización: Éxodo 39:2-7

Bezalel hizo el efod de oro, de tela azul, púrpura y escarlata y de lino fino torcido. Y batieron a martillo láminas de oro, y las cortaron en hilos para entretejerlas con la tela azul, púrpura y escarlata y el lino fino, obra de hábil artífice.

Hicieron para el efod hombreras que se fijaban al mismo, y lo fijaron sobre sus dos extremos. El cinto que nos dice que fue hábilmente tejido, estaba sobre el efod, era del mismo material, de la misma hechura: de oro, de tela azul, púrpura y escarlata y de lino fino torcido. Y nuevamente nos enfatiza que se había hecho "como Jehová lo había mandado a Moisés."

También labraron las piedras de ónice, las cuales fueron montadas en engastes de filigrana de oro. Las mismas fueron grabadas como las grabaduras de un sello, con los nombres de los hijos de Israel.

Bezalel las puso sobre las hombreras del efod, como piedras memoriales para los hijos de Israel, "como Jehová lo había mandado a Moisés."

El Pectoral

Mandato: Éxodo 28:15-21; Realización: Éxodo 39:8-21

Lo cual también era considerado obra de hábil artífice como la obra del efod que fue hecho de oro, de tela azul, púrpura y escarlata, y de lino fino torcido. Era cuadrado y doble, 9 pulgadas (25 cm.).

En el mismo se montaron cuatro hileras de piedras: la primera hilera era una hilera de un rubí, un topacio y una esmeralda; la segunda hilera, una turquesa, un zafiro y un diamante; la tercera hilera, un jacinto, una ágata y una amatista, y la cuarta hilera, un berilo, un ónice y un jaspe.

Estas estaban montadas en engaste de filigrana de oro. Las piedras correspondían a los nombres de los hijos de Israel, los cuales eran doce, conforme a sus nombres, grabadas como las grabaduras de un sello, cada una con su nombre conforme a las doce tribus.

Para el pectoral se hicieron cadenillas de oro puro en forma de cordones trenzados. Se hicieron también dos engastes de filigrana de oro y dos anillos de oro, y se pusieron los dos anillos en los dos extremos del pectoral. Los dos cordones de oro se pusieron en los anillos al extremo del pectoral, y se colocaron los otros dos extremos de los dos cordones en los dos engastes de filigrana, y los fijaron en las hombreras del efod en su parte delantera.

Hicieron otros dos anillos de oro y los colocaron en los dos extremos del pectoral, en el borde que da al lado interior del efod. También hicieron otros dos anillos de oro, y los pusieron en la parte inferior de las dos hombreras del efod, delante, cerca de su unión, sobre el cinto tejido del efod. Ataron el pectoral por sus anillos a los anillos del efod con un cordón azul, para que estuviera sobre el cinto tejido del efod y para que el pectoral no se desprendiera del efod, "como Jehová lo había mandado a Moisés."

El Manto del Efod

Mandato: Éxodo 28:31-35; Realización: Éxodo 39:22-26

Entonces Bezalel hizo el manto del efod de obra tejida, todo de tela azul. La abertura del manto estaba en el centro, como la abertura de una cota de malla, con una orla todo alrededor de la abertura para que no se rompiera. En el borde inferior del manto se hicieron granadas de tela azul, púrpura y escarlata y de lino torcido.

Hizo también campanillas de oro puro, y pusieron las campanillas entre las granadas alrededor de todo el borde del manto, alternando una campanilla y una granada alrededor de todo el borde del manto para el servicio, "como Jehová lo mandó a Moisés."

Túnicas, Tiara, Adornos de Mitras, Calzoncillos y Cinturón

Mandato: Éxodo 28:39; Realización: Éxodo 39:27-29

Para Aarón y sus hijos hicieron las túnicas de lino fino tejido, la tiara de lino fino, los adornos de las mitras de lino fino, los calzoncillos (pañetes) de lino, de lino fino torcido, y el cinturón de lino fino torcido, de azul, púrpura y escarlata, obra de tejedor, "como Jehová lo mandó a Moisés."

Diadema

Mandato: Éxodo 28:36; Realización: Éxodo 39:30-31

La lámina de la diadema santa la hicieron de oro puro, y grabaron en ella como la grabadura de un sello: SANTIDAD A JEHOVA. Y le pusieron un cordón azul para sujetarla sobre la tiara por arriba, "como Jehová lo mandó a Moisés."

BIBLIOGRAFIA

Blue Letter Bible. "Dictionary and Word Search". Blue Letter Bible. 1996-2012.

Brown, Driver, Briggs and Gesenius. "The KJV Old Testament Hebrew Lexicon". <http://www.biblestudytools.com/lexicons/hebrew/kjv/>

Clarke, Adam. Commentary on the Bible. <http://www.sacred-texts.com/bib/cmt/clarke/exo.htm>.

Diccionario de la lengua española, © 2005 Espasa-Calpe, <http://www.wordreference.com/definicion/protocolo>.

Instituto Cultural Álef y Tau, A.C. Biblia Peshitta en Español. Nashville: Broadman & Holman Publishing Group, 2006.

La Santa Biblia. Reina-Valera Antigua, 1602.

Online Parallel Bible Project. Online Parallel Bible Project. 2004-2011. 2011 <www.biblos.com>.

Rand, W. W. Diccionario de la Santa Biblia. San Jose: Editorial Caribe, s.f.

CPSIA information can be obtained at www.ICGtesting.com
Printed in the USA
BVOW082043120213

313088BV00001B/1/P